Klaus Ketelhut

Von Gott angesprochen

Klaus Ketelhut

Von Gott angesprochen

Bibeltexte, ausgelegt zu Sonntagen des Kirchenjahres

Fromm Verlag

Impressum/Imprint (nur für Deutschland/ only for Germany)
Bibliografische Information der Deutschen Nationalbibliothek: Die Deutsche Nationalbibliothek verzeichnet diese Publikation in der Deutschen Nationalbibliografie; detaillierte bibliografische Daten sind im Internet über http://dnb.d-nb.de abrufbar.

Contact:
International Book Market Service Ltd., 17 Rue Meldrum, Beau Bassin, 1713-01 Mauritius
Website: www.bookmarketservice.com
Email: info@bookmarketservice.com

Gedruckt in: USA, UK, Deutschland. Dieses Buch wurde nicht in Mauritius produziert.

Imprint (only for USA, GB)
Bibliographic information published by the Deutsche Nationalbibliothek: The Deutsche Nationalbibliothek lists this publication in the Deutsche Nationalbibliografie; detailed bibliographic data are available in the Internet at http://dnb.d-nb.de.

Contact:
International Book Market Service Ltd., 17 Rue Meldrum, Beau Bassin, 1713-01 Mauritius
Website: www.bookmarketservice.com
Email: info@bookmarketservice.com

Printed in: U.S.A., U.K., Germany. This book was not produced in Mauritius.

ISBN: 978-3-8416-0074-5

Lukas 1, 67 – 79 zum 1.Advent

Johannes' Vater Zacharias wurde vom heiligen Geist erfüllt, weissagte und sprach:
Gelobt sei der Herr, der Gott Israels! Denn er hat besucht und erlöst sein Volk und hat uns aufgerichtet eine Macht des Heils im Hause seines Dieners David – wie er vorzeiten geredet hat durch den Mund seiner heiligen Propheten - , dass er uns errettete von unsern Feinden und aus der Hand aller, die uns hassen, und Barmherzigkeit erzeigte unsern Vätern und gedächte an seinen heiligen Bund und an den Eid, den er geschworen hat unserm Vater Abraham, uns zu geben, dass wir, erlöst aus der Hand unsrer Feinde, ihm dienten ohne Furcht unser Leben lang in Heiligkeit und Gerechtigkeit vor seinen Augen.
Und du, Kindlein, wirst ein Prophet des Höchsten heißen. Denn du wirst dem Herrn vorangehen, dass du seinen Weg bereitest, und Erkenntnis des Heils gebest seinem Volk in der Vergebung ihrer Sünden, durch die herzliche Barmherzigkeit unseres Gottes, durch die uns besuchen wird das aufgehende Licht aus der Höhe, damit es erscheine denen, die sitzen in Finsternis und Schatten des Todes, und richte unsere Füße auf den Weg des Friedens.

Das ist einer der wenigen Psalmen, die im Neuen Testament stehen. Zugleich ist es ein Danklied des Priesters Zacharias zur Geburt seines Sohnes Johannes. Bis dahin war der Vater neun Monate stumm! Weil es ihm am nötigen Vertrauen auf Gott fehlte, bestimmte der Herr ihn zu einer solchen Zeit des Wartens und der innerlichen Einkehr. Es war eine Zeit des Schweigens gegenüber jedermann, seiner Gemeinde und seinen Angehörigen. Am Beschneidungstag des kleinen Johannes aber darf der Vater wieder reden und weiß Antwort auf die Frage, die die Verwandtschaft bewegt: Was wird aus dem Kindlein werden? - Die Kirche hat das Dank- und Loblied des Priesters Zacharias in ihre Mette, in das Morgengebet übernommen. Nach dem Schweigen der Nacht soll es aufklingen:

Gottes Tag bricht an!

1. Licht fällt auf alte biblische Verheißungen,
2. Neue Prophetie kündet sich an.

1.

Gottes Tag bricht an. Was sich regt, ist aber zunächst etwas scheinbar Geringes: Nur eine Zunge. Sie zeichnet nun die alten Zusagen Gottes an Israel nach. Licht fällt auf die biblischen Verheißungen. Aus dem Schatten oder gar Vergessensein treten sie hervor, gewinnen ihre leuchtende Farbe zurück, werden konkret und aktuell, ja sie werden geradezu lebendiges Wort.

Da sind die Gestalten der Geschichte Gottes mit seinem Volk. David und sein Haus, seine Dynastie. Mit dem Sohn Davids wollte Gott sein: „Ich will sein Vater sein und er soll mein Sohn sein“ (2.Sam.7, 14). Mit ihm und mit seinen Nachkommen wollte der Herr gegen alle Feinde stehen. Mit ihm wollte Gott selbst in einer Gemeinschaft ohne Furcht leben, in Heiligkeit und Gerechtigkeit. Aber ach, Davids Haus war von dieser Vorgabe abgewichen und im Dunkel der Geschichte versunken.

Abraham ist eine andere und noch fernere Gestalt der Vergangenheit, die hier genannt wird. Die Erinnerung an ihn war in Israel stets wach geblieben. Er war ein Erzvater, ein Vater von Anfang für das Volk. Ihm hatte Gott den Bund geschenkt, einen Schutz- und Trutzvertrag auf Gegenseitigkeit mit dem Volk, das da werden sollte. Einen Eid hatte Gott sogar geschworen (1.Mose 22, 16ff). Auf beiden Seiten sollte es nie vergessen werden: Das Volk soll im Segen leben und zum Segen der anderen Völker werden. Aber in Israel folgte eine Geschichte immer wiederholter Sünde. Schließlich wurde es weit verstreut in der Welt und verfehlte seine Bedeutung.

Jetzt aber fällt Licht auf die alten Verheißungen. Zacharias singt es: Wir haben einen Gott, der in Bewegung ist, der kommt, der besucht seine Menschen auf der Erde, der sieht in neuer Fürsorge auf uns alle. Jesus ist der wahre Sohn Davids. Ein neuer Bund wird nun die Zusagen an Abraham erfüllen.

Wer im Abstand zum christlichen Glauben lebt, für den ist Gott nur ein Begriff, eine Vorstellung, für ihn starr und gleich bleibend, im Wissen „abgehakt“. Wer sich aber freimütig in den Advent begibt, der erfährt: Gott ist ja lebendig! Er kann sich wohl entziehen. Aber nun will er über unsere Schwelle eintreten in die gegenwärtige Situation, auch in deine und meine. Er denkt nicht an uns aus des Himmels Ferne. Menschen, die für uns beten, können das ja nur aus dem Abstand heraus. Anders geht es ja nicht. Gott aber kommt ganz leibhaft. Wie er zu Bethlehem „im Fleisch“ geboren wurde, so legt er seine Heilandshand, seine Auferstehungskraft in unsere Taufe, in die Absolution, in das Abendmahl. Er ist unser Helfer – nicht nur von Fall zu Fall bei einer Krankheit, einem Unglück, einer Prüfung. Nein, in Ewigkeit plant er unsere Befreiung. Solches Licht fällt auf die alten Verheißungen, und Gottes Tag bricht an.

Gottes Tag bricht an. Lasst uns die liebgewordene Adventszeit nicht im Jahreskreis erleben nach der Melodie: „Alle Jahre wieder…“! Sie sei ein Licht in unser persönliches Leben: Dass sich etwas regt! Damals, nach unserem Bibeltext, regte sich zunächst eine Zunge, die des zuvor stummen Zacharias. Doch kündigte sich damit eine neue Prophetie an über dem Neugeborenen: „Du Kindlein wirst ein Prophet des Höchsten heißen.“ Der Höchste wird Christus sein, zu dem Johannes den Weg weisen wird nach vorn in die Geschichte. Dies Kind in der Wiege ist ein Prophet. So sagt es Gottes Wort durch Zacharias.

Propheten sind Männer und Frauen, die vorangehen. Sie sind Wegbereiter. Sie wissen ganz aktuell für ihre Zeit, wo es lang gehen soll. Sie übersetzen Gottes Wort in die Gegenwart. „Die auf den Herrn harren, kriegen neue Kraft, dass sie auffahren mit Flügeln wie Adler“
(Jes.40, 31).

Lassen wir uns hineinziehen in Gottes Tag, uns regen und bewegen. Ein weiter Raum des Hörens auf Gottes Zusagen liegt vor uns, Tag um Tag. Der kleine Johannes wird später ein Prophet sein, der mit dem Ruf: „Siehe, das ist Gottes Lamm!“ zur Vergebungsquelle ruft. Er wird einer sein, der das Licht aus der Höhe für uns alle nicht nur erwartet, sondern kommt, „um für das Licht zu zeugen“ (Joh.1, 7). Er wird selbst den Weg des Friedens gehen durch sein Martyrium hindurch.

Am 1. Advent beginnt das Kirchenjahr, am 1. Januar das Kalenderjahr. Am 1. Januar beginnt es mit Heidenlärm und Feuerwerk, ursprünglich wegen Heidenangst. Denn: Was kommt? Keine Antwort! Aber am 1.Advent leuchtet uns ein Licht in großer Hoffnung. Wer kommt? Unser Erlöser! Amen.

2. Korintherbrief 8, 9 zum Christfest

„Ihr kennt die Gnade unseres Herrn Jesus Christus: Obwohl er reich ist, wurde er doch arm um euretwillen, damit ihr durch seine Armut reich würdet.“

Die Kerzen auf dem Altar haben uns etwas zu zeigen: Sie werden beim Brennen im Lauf der Zeit immer weniger, kleiner, geringer. Aber das ist kein Mangel, sondern ihr Wesen, ihr Zweck, für den sie da sind. Sie bringen das Licht, den festlichen Glanz, die Klarheit in unsere Gottesdienste. Von der Rose, die einer Wurzel zart entsprungen ist, heißt es im Lied: „Mit seinem hellen Scheine vertreibt's die Finsternis". Genau so kann das bei Jesus gesehen werden, und wir können dem nachfolgen:

Arm werden und reich machen!

1. Jesu Werk und **2. unsere Chance.**

1.

„Obwohl er reich ist, wurde er doch arm um euretwillen", schreibt der Apostel an die Gemeinde in Korinth. Ja, reich ist der Gottessohn. Nicht in dem, was wir reich nennen: Geld, Gold, Edelsteine, Schlösser, Ländereien, Beziehungen, Ruhm und Macht. Sein Reichtum ist von vornherein ein ganz anderer: Tiefer Friede mit sich selbst in der heiligen Dreieinigkeit, ungetrübte Lebendigkeit im Himmelreich mit allen Engeln und Heiligen. Sein Reichtum ist Recht und Gerechtigkeit in seines Vaters Hause, Reinheit des Herzens und der Gedanken. Da ist ungefärbte und rückhaltlose Liebe, die diesen Namen wirklich verdient. Er hat göttliches Leben!

Aber Jesus Christus wurde arm. Er verzichtete darauf, Gott gleich zu sein. Er wurde geboren von der menschlichen Mutter Maria. Sein erstes Bett war ein Futtertrog. Auch später wird er nicht haben, wo er sein Haupt hinlegt. So ist also die Gnade Gottes beschaffen, schreibt Paulus. Sie wird nicht vom Himmel herübergeworfen wie ein Almosen. Sie erfolgt nicht wie eine Gutschrift auf unser Konto. Sie wird nicht als ein guter Gedanke in Menschenhirne eingegeben, damit sich die Lage auf Erden verbessere. Nein, Gottes Sohn wurde arm im Vergleich zu dem, was er eigentlich ist und hat. Er kommt, er kommt mit Willen – in Berührung mit Sündennot und Sündenangst dieser Welt. Menschliche Unbarmherzigkeit trifft nun auch ihn. Spott wird über ihn ausgegossen. Mordlust greift nach dem Menschgeborenen. Er bekommt zu schaffen mit den Mächten der Finsternis: Heimtücke stellt ihm nach, Verrat unter den Nächsten enttäuscht die Treueschwüre. Lügen umgeben ihn. Er wurde so arm, dass er auch den gewaltsamen kalten Tod erfährt und zuvor Schläge und Schmerzen.

Das alles hätte er nicht nötig gehabt. Er wollte es, tat es, nahm es auf sich, ohne Bedingungen zu stellen. „Ja, Vater, ja, aus Herzensgrund!" Arm um euretwillen. Wie weit reichend bereit muss seine Liebe sein, wie rettungslos an sich aber auch unser Verderben! Das Kommen des Herrn in die Welt sollte ihr und damit auch uns ein Spiegel sein: So viel Verzicht und Hingabe war nötig, um überhaupt noch Menschen zu retten.

„...damit ihr durch seine Armut reich würdet." Ein Fremder wird hier fragen: Wieso? Hat jemals ein Armer reich machen können? Gott weiß es und Gott sieht es: Solche große und selbstlose Liebe zu den Menschen, grenzenlos und ganz tief zufassend, die bringt etwas Neues, nie da Gewesenes in diese Welt. Sie ist bereit, die aufzufangen, die sonst in alle Abgründe stürzen. Das Lebensopfer des Gottessohnes gibt dem Wertlosen wieder Wert, dem Verfallenen wieder Halt, dem Abgeschriebenen wieder einen Namen, dem bereits Gestorbenen und Vergessenen eine Auferstehung vom Tode. Leben und Seligkeit ist dort, wo unserer Schuld nicht mehr gedacht wird um des Kreuzes Christi willen, wo uns das mit dem Taufwasser überschüttet, unter Handauflegung zugesprochen, mit des Herrn Leib und Blut gereicht wird. So werden wir reich durch das arme kleine Christuskind. Die Engel der heiligen Nacht haben das Wegziel damals schon erschaut: Gloria in excelsis Deo...Darauf läuft alles hinaus: Ehre sei Gott in der Höhe!

2.

Die Weisen aus dem Morgenland kamen mit königlichen Geschenken. Es waren nicht Tauschartikel gegen königliche Gunst. Wenn wir zu Weihnachten schenken, sollten es auch keine Austauschgaben sein: Du gibst mir, darum gebe ich dir. Freilich soll es nicht abgewertet werden, zum Fest Freude zu machen und auch Freude zu erwarten. Das gehört zum Feiern eines solchen Geburtstages. Aber wir wollen Gottes Vorbild im Sinn behalten, damit Weihnachten nicht zum Konsumrausch verkommt.

Arm werden und reich machen, ist das nicht eine Chance unserer Zeit? Ganz aktuell und die Zukunft des Globus bestimmend ist der Menschen Einstellung zu den materiellen Werten. Ja, wir haben unser Leben abgesichert auf der nördlichen Halbkugel. Wenn wir den anderen abgeben, dann vom Überfluss. Von Opfern sollten wir da nicht reden. Mit solcher „Entwicklungshilfe" wird es auf die Dauer nicht getan sein. Es wird zunehmend mehr von uns gefordert werden. Dabei sollen wir gar nicht von einem Extrem in das andere fallen. Paulus schreibt kurz darauf: „Nicht, dass die andern gute Tage haben sollen und ihr Not leidet, sondern dass es zu einem *Ausgleich* komme." Wir brauchen unbedingt die Freiheit zum Verzicht. Aber woher können wir sie nehmen? Wird es nur mit staatlichem Druck und Gesetz gehen unter vielstimmigem Aufbegehren? Wer keinen anderen Gott kennt, wird den Mammon nicht loslassen können. Die großen und die kleinen Diktatoren ihrer Völker haben schon immer unser Wort umgedreht: Arm machen und reich werden – das war und ist ihr Bestreben. Und wir Christen? Wieweit tragen auch wir dazu bei, dass die Schere zwischen reich und arm in unserer Zeit immer mehr auseinander geht? Gott erbarme sich und helfe uns!

Das Christkind ist gekommen, uns reich zu machen. Warum sind wir mit unserer Selbstverwirklichung nie recht glücklich geworden? Die Ansprüche, schon bei den Kindern aufgebaut, finden oft kein Ende. Der Wert des Lebens steckt aber dort, wo wir für andere da sind, ihnen helfen, sie glücklich machen. Liebe verschenken macht nicht ärmer sondern reicher. Die alten Merkverse sind so wahr: Geteiltes Leid ist halbes Leid, geteilte Freude ist doppelte Freude.

Wie gesagt: Es ist nicht auf Gegenleistung angelegt. Viele sagen: Ach, ich werde ausgenutzt in meinem Einsatz, werde undankbar behandelt. Das sollten wir gar nicht erst im Herzen hochkommen lassen oder gar lange nachtragen. Denn reicher kann man doch nicht sein, als wenn man Gottes Zustimmung, sein Wohlgefallen für sich hat. Jesus fragte seine Jünger und Jüngerinnen: „Habt ihr je Mangel gehabt?“ Sie antworteten: Niemals!

Umgekehrt kann man in äußerlichem Wohlstand innerlich doch sehr arm sein. Es gäbe nicht so viel Kriminalität, wären die Menschen nicht so gelangweilt und aufbegehrend in unserem reichen Land. Arm werden, drangeben, was man hat oder kann und andere reich machen: Das ist unsere Chance, nachdem Christus uns reich gemacht hat, zu Menschen Gottes, die beten können: „Wenn ich nur dich habe, so frage ich nichts nach Himmel und Erde.“ (Ps. 73,25) Amen.

Matthäus 2, 1 – 12 zu Epiphanias

Als Jesus geboren war in Bethlehem in Judäa zur Zeit des Königs Herodes, siehe, da kamen Weise aus dem Morgenland nach Jerusalem und sprachen: Wo ist der neugeborene König der Juden? Wir haben seinen Stern gesehen im Morgenland und sind gekommen, ihn anzubeten.
Als das der König Herodes hörte, erschrak er und mit ihm ganz Jerusalem, und er ließ zusammenkommen alle Hohenpriester und Schriftgelehrten des Volkes und erforschte von ihnen, wo der Christus geboren werden sollte. Und sie sagten ihm: In Bethlehem in Judäa; denn so steht geschrieben durch den Propheten: „Und du, Bethlehem im jüdischen Lande, bist keineswegs die kleinste unter den Städten in Juda; denn aus dir wird kommen der Fürst, der mein Volk Israel weiden soll.“

Da rief Herodes die Weisen heimlich zu sich und erkundete genau von ihnen, wann der Stern erschienen wäre, und schickte sie nach Bethlehem und sprach: Zieht hin und forscht fleißig nach dem Kindlein; und wenn ihr's findet, so sagt mir's wieder, dass auch ich komme und es anbete.
Als sie nun den König gehört hatten, zogen sie hin. Und siehe, der Stern, den sie im Morgenland gesehen hatten, ging vor ihnen her, bis er über dem Ort stand, wo das Kindlein war. Als sie den Stern sahen, wurden sie hoch erfreut und gingen in das Haus und fanden das Kindlein mit Maria, seiner Mutter, und fielen nieder und beteten es an und taten ihre Schätze auf und schenkten ihm Gold, Weihrauch und Myrrhe.
Und Gott befahl ihnen im Traum, nicht wieder zu Herodes zurückzukehren; und sie zogen auf einem andern Weg wieder in ihr Land.

Die Weisen aus dem Orient haben tief in die Frömmigkeit und Besinnlichkeit der Christen eingewirkt. Im Nachsinnen hat man aus den drei reichen Gaben auf Könige geschlossen und sie sogar zu Heiligen erklärt.
Von weither kamen sie und hatten sich auf einen beschwerlichen Weg gemacht. Offensichtlich war die Reise gut vorbereitet worden. Aber in Gang gebracht und geleitet werden sie nur von einem Stern. Die Fernen machen sich auf.
Die aber so nahe dabei wohnten, in Jerusalem, fünfzehn Kilometer von Bethlehem, die die Heilige Schrift besaßen und die uralten Überlieferungen kannten, die erschrecken, bleiben an ihrem Ort sitzen und planen eine Beseitigung dieses störenden Ereignisses.

Wer ist nah und wer ist fern von Christus?

1.

Wo finden wir uns wieder, wir Weihnachtsleute? **So nah – und doch so fern**? Wir haben unsere Krippe nahe, jeder kennt sie und weiß um ihre dazu gehörenden Gestalten. Wir haben die Bibel, Gottes Wort, das uns sagt, da habe der Herr etwas in Gang gesetzt, das notwendigerweise sein endgültiges Kommen in kosmischer Herrlichkeit nach sich zieht. Wir sind so nahe dran. Sind wir es wirklich?
Rechnen wir so damit, dass geschieht, was Gott gesagt hat, dass wir auch im Aufbruch leben? Haben wir die Sehnsucht im Herzen, dass ER uns erscheine, dass nicht alles so bleibe, wie es ist, dass der alles endende und ändernde Tag Gottes kommt? Sind wir vorbereitet? Oder haben wir uns

eigentlich darauf eingestellt, dass doch alles so bleibt, wie es ist? Mit Bibelkenntnis allein ist noch nichts erreicht. Ja, damit *allein* steht man in besonderer Gefahr der Gleichgültigkeit!

Herodes in Jerusalem ist unumschränkter Herrscher. Jede Konkurrenz auf seinen Thron ist ihm zutiefst widerwärtig. Er ist ein Herrscher, der sich gern mit Pracht umgibt. Den Tempel hat er erweitert und kostbar ausgestaltet, sich und sein Land aber auch mit einer ganzen Reihe von Festungen und Schlössern umgeben, vor allem an den Grenzen. Er weiß, dass ein Christus kommen wird, irgendwann. Hat es bisher lange gedauert, kann es weiter noch lange anhalten. Als nun die Fremdlinge sagen, der neue König sei geboren, erschrickt Herodes und bringt vor den Gästen kaum Freude auf. Im Gegenteil: Sofort strebt er danach, diesen Christuskönig sich vom Leibe zu halten, die ganze Sache zu beseitigen. Listig verstellt er sich vor den Ausländern.

Ist es nicht befremdlich, dass es heißt, mit Herodes sei „das ganze Jerusalem“ erschrocken? Die Einwohner jubelten also auch nicht! Das ist ein Alarmzeichen auch für uns heute. Wir wissen, dass ER kommt, ja bereits gekommen und am Werk ist. Auch wir halten uns nur zu schnell diesen Gottessohn vom Leibe. Kenner des Evangeliums gehen bewusst spöttisch und anmaßend mit der Kunde von Gott um. Wir hören wohl die Botschaft, bleiben aber, wie wir nun einmal sind, vergessen sie oder lassen sie auf sich beruhen. Was wird aus solchen Leuten werden, aus Herodes, Jerusalemer Bürgern, bequemen Kirchgängern? Jesus hat über Jerusalem Tränen vergossen (Luk. 19,41). Es kann für solche Verächter nur in Finsternis und Trostlosigkeit enden, wo dann kein Helfer mehr da ist. So nah gewesen und dann doch so fern!

2.

Halten wir uns zu den Weisen, die Jesus aufsuchen! Bei ihnen ist es umgekehrt: **So fern und dann doch so nah**! Sie kamen aus ganz anderen Religionen. Sie wussten nur wenig – aber wie begierig sind sie am Suchen! Was treibt diese Leute? Es ist eine astrologische Meinung, gebildet nach den Stellungen der Sterne und ihrer für uns sehr fragwürdigen Bedeutung. Aber eine solche Erscheinung am Himmel kann nicht allein der Grund des Aufbruchs auf eine weite Reise sein. Sterne gibt es so viele. Kleine Königssöhne gibt es fast überall. Mit dem Judenkönig muss sich für die Weisen etwas ganz Wichtiges verbinden: Sie wollen ihn anbeten. Dies ist nur denkbar, wenn sie Weissagungen kannten. Im Zweistromland gab es auch damals Juden. Von denen können sie die Messiashoffnung gehört haben. Aber bei der Kenntnis der Weissagung wollen sie nicht stehen bleiben. Sie suchen die Begegnung, die Hingabe ihrer großen Hoffnung.

Warum sollte das nicht heute auch so sein? Als Mensch von heute nur wenig zu wissen von Gott, kann doch dazu führen, sich auf jeden Fall kundig machen zu wollen. Selbst bei den Theologen ist ja das Wissen Stückwerk, wie der hoch gebildete Paulus schreibt. Es kann wie bei den Weisen nur ein Wort, ein Satz sein, der uns ruft und dem wir unbedingt nachkommen wollen. Gott handelt überall, auch über heidnische Astrologen. „Als sie den Stern sahen, wurden sie hocherfreut". Mit dem Stern erscheint ihnen mehr als ein Himmelslicht. Und vor der Krippe sehen sie dann auch mehr als vor Augen ist.

Der Sinn von Epiphanias ist es, dass uns etwas *aufgeht*, was den Sinnen sonst verborgen ist: Dass mit diesem Kind alles Lebensglück, reiche Erfüllung und ein „unvergängliches Wesen" (2. Tim. 1,10) gekommen sind. Dass Gott es uns doch schenke, aus unserer Ferne ihm so nahe zu kommen und wie die Weisen hocherfreut zu sein! Das ist der Anfang der Christus-Mission: Die Schätze der Heiden werden an die Krippe gebracht. Dazu gehört auch uraltes Menschheitswissen vom fernen und verborgenen Gott, den man suchen muss und - der sich finden lässt. Amen.

Römerbrief 1, 14 – 17 zum 3. Sonntag nach Epiphanias

Ich bin ein Schuldner der Griechen und der Nichtgriechen, der Weisen und der Nichtweisen; darum, so viel an mir liegt, bin ich willens, auch euch in Rom das Evangelium zu predigen.
Denn ich schäme mich des Evangeliums nicht; denn es ist eine Kraft Gottes, die selig macht alle, die daran glauben, die Juden zuerst und ebenso die Griechen. Denn darin wird offenbart die Gerechtigkeit, die vor Gott gilt, welche kommt aus Glauben in Glauben; wie geschrieben steht: „Der Gerechte wird aus Glauben leben."

An dieser Bibelstelle ist dem Reformator Martin Luther klar geworden, was dann zur weit reichenden Reform der Kirche führen sollte. Bei dem Wort Gerechtigkeit Gottes dachte man bisher vor allem an die strafende Gerechtigkeit gegenüber dem ungerechten Sünder. Und das hatte Luther fast in die Verzweiflung getrieben, denn er konnte sich nicht rechtfertigen.
Nun aber sieht er: Gerechtigkeit ist ein Verhältnis zwischen Gott und den Menschen, das um Christi willen uns zugestanden und geschenkt wird. Nun ist es jedem möglich, das ins Herz zu fassen und Gott zu glauben. Oft hat Luther gesagt, da sei es ihm gewesen, als hätten sich die Pforten des Paradieses wieder geöffnet.

Der Gerechte wird aus Glauben leben.

1. Wie wird man ein Gerechter?

2. Wie lebt man aus Glauben?

1.

Die Gerechtigkeit, die vor Gott gilt, ist unerreichbar. Der Herr und Schöpfer muss uns doch messen nach seinen Vorschriften. Die Welt ist nach Gesetzen aufgebaut und verläuft nach ihnen. Der einzelne Mensch kann sich nicht hinter Strömungen und Ansichten verstecken, die zu seiner Zeit mehr oder weniger die Menschen bestimmen. Wer ernsthaft mit einem persönlichen Gott rechnet, der auf jeden Fall seinen Willen durchsetzt oder durchsetzen wird, der müsste umsinken und verzweifeln. Wie Martin Luther in seinem biografischen Lied es sagt: „Mein guten Werk, die galten nicht. Es war mit ihn' verdorben; der frei Will hasste Gott's Gericht, er war zum Gut'n erstorben; die Angst mich zu verzweifeln trieb, dass nichts denn Sterben bei mir blieb, zur Höllen musst ich sinken."

Gott, wenn wir denn an ihn glauben, kann gar nicht ernst genug genommen werden. Wem das deutlich geworden ist, der muss auch zugeben: Es ist nicht zu schaffen, ein Gerechter zu werden, nicht von uns aus. Und doch sind nach den Worten der Bergpredigt Jesu die Geängsteten, die hungert und dürstet nach der Gerechtigkeit, näher daran, das Evangelium, die erlösende Botschaft zu empfangen, als die, die Gott abgesagt haben und ein Leben mit Ihm verachten.

Wie wird man ein Gerechter? Wie kann der mit Schuld beladene und im Innern verdorbene Mensch zu einem fröhlichen, zu einem Gotteskind werden? Wie überwindet er den großen Abstand zu Gott? Die Gerechtigkeit vor Gott ist wie ein geschenkter Schmuck, wie ein Fest- und Ehrengewand. Das alles kann man aus Christi Händen empfangen. Denn was will ER auch uns sagen? Hört, ihr Ungerechten, ihr Verlorenen, ihr Gott Entfremdeten – ich bin gerade zu euch gekommen! Ich rufe euch zu mir, um euch zu verwandeln. Eure Sünde verdient Strafe – ich nehme sie auf mich. Eure Beziehung zu Gott ist abgerissen – ich gehe hin und knüpfe sie. Ich stelle mich vor euch bei dem Vater im Himmel. Ich kann es und will es: Euch gerecht machen!

2.

Wie lebt man aus Glauben? Das Leben ist einfach da, wenn wir in Christi Hand einschlagen. Es geht auf uns über. Auf dieser Erde sind wir damit noch nicht allem Unglück entnommen, „Kreuz und Elende“ können immer eintreffen, aber sie nehmen ein Ende, schließlich!
Denn wir verlassen uns nun ganz auf Christus, auf ihn allein. Er soll und darf nicht wieder vergessen werden, ist alle Tage bei uns bis ans Ende der Welt, meiner kleinen und auch der großen, im Arbeiten und Ruhen, im Danken und Bitten. Es ist kein Ehrgeiz mehr nötig, seit wir alle Ehre bei Gott haben. Künftig braucht die linke Hand nicht mehr zu wissen, was die rechte Gutes tut (Matth. 6,3). Nicht mehr kommt es uns an auf Selbstrechtfertigung, Vergleichen mit anderen, Lob der Toten. Wir spüren im Evangelium die Kraft Gottes, die uns selig macht – wir sind für Zeit und Ewigkeit gerettet.

Nun werden die Wertakzente von uns anders gesetzt: Der Sinn meines Daseins liegt nun nicht mehr darin, die Lebenszeit rundum auszufüllen und auszukosten. Die Ziele Gottes sind gefragt, sein Wille ist zu studieren und zeitgemäß anzuwenden, sein Name sei über uns, sein Reich vor uns. Mit seiner Lebensführung bekennt der Christ sich zum Evangelium und hält es nicht versteckt. Gottes Geist sei mit uns, dass wir nicht das Bild eines verschämten Christen abgeben, der sich – aus welchen Vorbehalten auch immer – geniert, zu beten und zur Kirche zu gehen. Nein, Christen und Christinnen sind ihrer Umgebung das Evangelium schuldig. Denn dass auch andere im Glauben an Christus ein neues Leben beginnen, ist ja nicht schwer, vielmehr eine für jedermann eröffnete Möglichkeit. So wendet sich der Apostel Paulus auch an Juden und andere griechisch sprechende Leute in Rom.

Und wenn nun einer meint, nicht glauben zu können? Dann überlasse er diesen vermeintlichen Mangel doch ganz dem Herrn und seiner Weisheit. Und auch *das* wäre Glaube! Ähnliches legen uns doch auch die Klagepsalmen im Alten Testament nahe. Sie kommen aus großer Finsternis, aber sie wenden sich doch an die richtige Adresse, an Gott.

Lesen wir noch einmal die schwer wiegenden Verse unsres heutigen Bibelabschnitts! Sie sind wie eine Überschrift über den ganzen Römerbrief. Des Apostels großes Thema ist hier das Evangelium. Jesus selbst hatte als Wanderlehrer vom Reich Gottes gesprochen, das nahe herbeigekommen sei. Immer wieder deutet sich dabei das Geheimnis an, dass das Reich mit Ihm selbst verbunden ist. Nach seiner Auferstehung und damit nach seinem Sieg über die Verderbensmächte, ist ER selbst in aller Klarheit Mittelpunkt der Verkündigung, ist selbst „Wort Gottes“ (Joh.1).

Paulus hat seine Erkenntnis in diesen anspruchsvollen Brief zusammengefasst und einer weiten Zuhörerschaft gewidmet. Dass man noch zweitausend Jahre später von seiner Verkündigung leben wird, konnte er nicht wissen. Aber wir verdanken es seinem Gewissen, das sich zur Weitergabe des Glaubensinhaltes gefordert sah. Auch wir wollen üben, mit schlichten Worten unser Glaubensbekenntnis auszusagen. Amen.

Jesaja 40, 12 – 25 zum 5. Sonntag nach Epiphanias

Wer misst die Wasser mit der hohlen Hand, und wer bestimmt des Himmels Weite mit der Spanne und fasst den Staub der Erde mit dem Maß und wiegt die Berge mit einem Gewicht und die Hügel mit einer Waage? Wer bestimmt den Geist des HERRN, und welcher Ratgeber unterweist ihn? Wen fragt er um Rat, der ihm Einsicht gebe und lehre ihn den Weg des Rechts und lehre ihn Erkenntnis und weise ihm den Weg des Verstandes? Siehe, die Völker sind geachtet wie ein Tropfen am Eimer und wie ein Sandkorn auf der Waage. Siehe, die Inseln sind wie ein Stäublein. Der Libanon wäre zu wenig zum Feuer und seine Tiere zu wenig zum Brandopfer. Alle Völker sind vor ihm wie nichts und gelten ihm als nichtig und eitel.

Mit wem wollt ihr denn Gott vergleichen? Oder was für ein Abbild wollt ihr von ihm machen? Der Meister gießt ein Bild und der Goldschmied vergoldet's und macht silberne Ketten daran. Wer aber zu arm ist für eine solche Gabe, der wählt ein Holz, das nicht fault, und sucht einen klugen Meister dazu, ein Bild zu fertigen, das nicht wackelt.

Wisst ihr denn nicht? Hört ihr denn nicht? Ist's euch nicht von Anfang an verkündigt? Habt ihr's nicht gelernt von Anbeginn der Erde? Er thront über dem Kreis der Erde, und die darauf wohnen, sind wie Heuschrecken; er spannt den Himmel aus wie einen Schleier und breitet ihn aus wie ein Zelt, in dem man wohnt; er gibt die Fürsten preis, dass sie nichts sind, und die Richter auf Erden macht er zunichte: Kaum sind sie gepflanzt, kaum sind sie gesät, kaum hat ihr Stamm eine Wurzel in der Erde, da lässt er einen Wind unter sie wehen, dass sie verdorren, und ein Wirbelsturm führt sie weg wie Spreu. Mit wem wollt ihr mich also vergleichen, dem ich gleich sei?, spricht der Heilige.

In Europa ist die Vorstellung, dass es einen Gott im Himmel gibt, vielen Menschen fragwürdig geworden. Seine Existenz ist nicht mehr vorstellbar. Zuviel ereignet sich oder wird vermisst, was sich mit einem „lieben Gott“ nicht vereinbaren lässt. Was sagt die Bibel dazu? Sie müsste ja da zuerst gefragt werden! Gerade auch unser eben gelesener Text aus dem Jesajabuch befasst sich mit den falschen Gottesvorstellungen der Menschheit.

Wir werden hingewiesen auf unangemessene Vergleiche. Unermessliches kann man nicht mit unseren Maßstäben erfassen wollen. Das Meer und seinen Inhalt kann man nicht mit der hohlen Hand messen, die Weite des Himmels nicht nach Handbreiten, die Berge nicht mit der Waage wiegen. Das alles ist unsinnig. Mit unserem Verstand, unserer Wissenschaft, unserer Erkenntnis können wir nicht Gott den Weg weisen, wie er zu handeln hätte. Heute würden wir zu den Worten des Propheten noch hinzufügen können: Die Weiten im Weltall in Lichtjahren auszudrücken, ist ja auch unvorstellbar. Wenn das Licht in einer Sekunde 300.000 km zurücklegt, wie viel dann in einem Jahr? Das übersteigt jedes Vorstellungsvermögen. Und die Astronomen rechnen in Millionen von Lichtjahren! Da wird unser Planet zu einem Stäubchen, er ist in diesem All völlig bedeutungslos.

Bei dem späteren Jesaja zeigt sich, wie die Erkenntnis, dass es ja nur einen Gott geben kann, heranreift. Und der ist allmächtig. Das war lange verdeckt, als man annahm, dass jedes Land und jedes Volk wohl seinen eigenen Gott habe. Deren Macht wurde an dem Schicksal ihrer jeweiligen Anbeter abgelesen. Israel in der babylonischen Gefangenschaft – ein Zeichen der Ohnmacht seines Gottes? Nein, verkündigt Jesaja. Für den einen allmächtigen Herrn der Erde sind die einzelnen Völker nur wie ein Tropfen am Eimer oder wie ein Sandkorn auf der Waage. Darum sind sie eben auch nicht imponierend. Dem Allmächtigen sind sie alle eine Kleinigkeit, ja hier steht: Sie sind wie nichts! Aktuell galt das damals eben auch für das Großreich Babylon.

Damit sind auch die vielen Götterbilder ohne Bedeutung, die es überall gibt, auch besonders in Babylon. Mit großer Sorgfalt mögen sie hergestellt sein, ja mit künstlerischem Geschmack; oder schlicht aus Holz, wenn die Mittel dafür nur gering sind. Ist der allmächtige Gott damit zu vergleichen? Nein, niemals! Das ist nicht nur den Menschen der Antike gesagt. Der Philosoph Ludwig Feuerbach und viele nach ihm haben gesagt: Die Gottesvorstellungen der Menschen sind ja nichts anderes als ihre Wünsche und Hoffnungen, die sie sozusagen an den Himmel projiziert haben. Damit hat er weithin nicht Unrecht. Der moderne Mensch macht sich seinen Gott selbst zurecht, sehr kenntnisreich nach fernöstlichen Philosophien oder esoterisch nach seinen jeweiligen Bedürfnissen. Solche „Placebo“- Gottheiten sind letztlich unwirksam und haben nichts mit dem Einen Gott zu tun.

Ist also zu Jesajas Zeiten eine neue Theologie aufgekommen? Nein. Schon immer hätten sich die Menschen sagen müssen, dass Gott konkurrenzlos ist: „ Wisst ihr denn nicht? Hört ihr denn nicht? Ist's euch nicht von Anfang an verkündigt? Habt ihr's nicht gelernt von Anbeginn der Erde?“ Sie hätten also auch die Götter Babylons nicht zu respektieren! Vor Gottes Größe ist auch alles Menschliche klein. Die Schöpfung kann nur auf einen Schöpfer zurückgehen, der über den Erdkreis herrscht und uns mit dem Himmel als einem Wohnzelt überspannt. Das hat auch der Apostel Paulus betont, wenn er im Römerbrief (1,19f) schreibt: „Denn was man von Gott erkennen kann, ist unter den Menschen offenbar; denn Gott hat es ihnen offenbart. Denn Gottes unsichtbares Wesen, das ist seine ewige Kraft und Gottheit, wird seit der Schöpfung der Welt ersehen aus seinen Werken, wenn man sie wahrnimmt, sodass sie keine Entschuldigung haben.“

Wenn Gott in dieser Weise überirdisch ist, ja gar nicht zum ganzen Weltall gehört, sondern ihm gegenüber steht, dann verstehen wir, dass Menschenmengen wie ein Heuschreckenschwarm aus dieser Perspektive erscheinen müssen, in dem der einzelne einfach untergeht. Selbst die herausgehobenen Machthaber unter den Völkern kommen und gehen. Die Wirbelstürme der Geschichte fegen sie beiseite. Menschliche Herrscher sind vergänglich. Auch wenn sie ihre Position ungeheuer befestigt haben, sind sie doch schnell entwurzelt. So waren damals die Perser den Babyloniern schon übermächtige Nachfolger.

Was soll das alles? Gott will verhindern, dass wir uns IHN nach unseren Wünschen und Überlegungen vorstellen und darstellen. Gerade bei diesem Wort Gottes, das hier Jesaja dem Volk Gottes weitergibt, fällt mir das Wort unseres Reformators Dr. Martin Luther ein, wenn er treffend sagt: “Nichts ist so groß, Gott ist noch größer. Nichts ist so klein, Gott ist noch kleiner.“ Mag es sein, dass Erdbewohner wie Heuschrecken, also ohne Individualität erscheinen. Es gilt aber auch die Aussage in Wilhelm Heys Kinderlied „Weißt du wie viel Sternlein stehen“: „Kennt auch dich und hat dich lieb!“. Ja, unser allmächtiger Gott und Schöpfer kann sich auf dieser kleinen Erde ganz klein machen und in einer Krippe liegen in einem kleinen Dorf, in irdischer Zeit, als diese nach Gottes Urteil erfüllt war, aber auch an diesem Sonntag, unter Brot und Wein auf dem Altar, damit dann auch in mir selbst, meine Sünde tragend, mein Leid teilend, mein Kreuz zu seinem machend und seine Auferstehung mit mir teilend. Siehe, da ist dein Gott! Das kann er, das will er, das tut er!

Die Bibel will uns kritisch machen gegen die Gottesträume, in denen wir selbst uns einen Gott schaffen. Sie belehrt uns eines Besseren. Wenn wir an den lebendigen Gott in Jesus Christus glauben, dann macht das uns frei von eitler Anmaßung und von unfruchtbarer Untergangsstimmung. Hüten wir uns, Gott zu unterschätzen und uns Menschen zu überschätzen! Amen.

Matthäus 17, 1 – 9 zum letzten Sonntag nach Epiphanias

Und nach sechs Tagen nahm Jesus mit sich Petrus und Jakobus und Johannes, dessen Bruder, und führte sie allein auf einen hohen Berg. Und er wurde verklärt vor ihnen, und sein Angesicht leuchtete wie die Sonne, und seine Kleider wurden weiß wie das Licht. Und siehe, da erschienen ihnen Mose und Elia; die redeten mit ihm. Petrus aber fing an und sprach zu Jesus: Herr, hier ist gut sein! Willst du, so will ich hier drei Hütten bauen, dir eine, Mose eine und Elia eine. Als er noch so redete, siehe, da überschattete sie eine lichte Wolke. Und siehe, eine Stimme aus der Wolke sprach: Dies ist mein lieber Sohn, an dem ich Wohlgefallen habe; den sollt ihr hören! Als das die Jünger hörten, fielen sie auf ihr Angesicht und erschraken sehr. Jesus aber trat zu ihnen, rührte sie an und sprach: Steht auf und fürchtet euch nicht! Als sie aber ihre Augen aufhoben, sahen sie niemand als Jesus allein. Und als sie vom Berge hinabgingen, gebot ihnen Jesus und sprach: Ihr sollt von dieser Erscheinung niemandem sagen, bis der Menschensohn von den Toten auferstanden ist.

Epiphanias heißt „Erscheinung". Gemeint ist das Erscheinen Christi unter uns auf Erden. Am letzten Sonntag der Epiphaniaszeit wird uns verkündet, wie Jesus für drei seiner Jünger und Apostel in Herrlichkeit erschien. Sehr zu beachten ist, dass seine Leidensankündigung vorausging, dass also nun zeitlich der Umschwung der Passionszeit erfolgen wird. Dabei sollen wir aber nicht vergessen, dass Christus unaufhörlich in Gottes Herrlichkeit gehört. Diese Herrlichkeit haben auch Mose und Elias jeweils zu ihrer Zeit, aber auf demselben Berg erlebt. Alte Ikonen der Christenheit zeigen zwei Dreiergruppen: Einmal Christus mit den beiden alttestamentlichen Propheten in erhabenem Frieden, dann die drei in Schrecken hingesunkenen Jünger. Nach Überlieferungen, die bis auf das 4.Jahrhundert zurückgehen, soll diese Verklärung Jesu auf dem Berg Tabor geschehen sein. Heute befinden sich dort ein franziskanisches und ein griechisch-orthodoxes Kloster und eine Basilika, die auf den Fundamenten noch älterer Moses- und Eliaskapellen errichtet ist.
Es ist ein Wort aus der Epistel 2.Petrusbrief 1,16, das uns heute führen soll:

„Wir haben seine Herrlichkeit selber gesehen!“

1. Auf seinem Angesicht war die Herrlichkeit

zu sehen gewesen, eine Herrlichkeit, die Jesus als Sohn Gottes hat und in der Auferstehung sichtbar haben wird. „Sein Angesicht leuchtete wie die Sonne.“ Sein Körper tauchte durch die Kleider hindurch alles in Licht. Aber es blieben die vertrauten Gesichtszüge ihres Herrn.

Auch das Angesicht des Moses hatte einst gestrahlt, als er mit Gott geredet hatte. Damals wichen Aaron und das Volk vor ihm deshalb zurück. Und Mose legte eine Decke auf sein Angesicht jedes Mal, wenn er das Offenbarungszelt verließ, denn die Israeliten sahen neuen Glanz auf seinem Gesicht. So war Mose ein vorausgehender Zeuge der Herrlichkeit Gottes. Jesus aber ist ihr Träger. „Wir haben seine Herrlichkeit selber gesehen“ – nämlich eben auf dem Berge, heißt es bei Petrus. Der Apostelkollege Paulus schreibt nach Korinth, dass die Herrlichkeit Christi noch größer sei als die von Mose erfahrene, weil es die des Evangeliums sei gegenüber dem Gesetz: „Wir tun nicht wie Mose, der die Decke vor sein Angesicht hing, damit die Kinder Israel nicht sehen sollten das Ende dessen, was da aufhört … Denn wenn das Herrlichkeit hatte, was da aufhört, wie viel mehr wird das Herrlichkeit haben, was da bleibt“ (2 Kor 3, 11.13). Die bleibende Herrlichkeit Christi, die schon mit Mose und Elia vorgezeichnet ist, bleibt auch uns in der Vergebung und Nähe unseres Herrn, wenn auch zeitlich noch verborgen bei Gott. Denn wir sind doch am Schluss jedes Sonntagsgottesdienstes mit den Worten gesegnet: „…Der HERR lasse sein Angesicht leuchten über dir und sei dir gnädig …“

2. Wir haben seine Herrlichkeit selber gesehen durch seine Hände.

Ja, denn er trat zu seinen Jüngern und rührte sie an mit seinen Händen. Darin lag Trost und Vergebung, Gnade und Güte. Denn die lichte Wolke – wie einst auf dem Sinai – und Gottes Stimme ließen die drei Jünger in großem Schrecken auf ihr Angesicht fallen, um es so zu verbergen und zu verhüllen vor dem heiligen Gott. Auch Petrus, dem stets eilfertigen mit dem Wort, verschlägt es die Sprache. Wieder muss er denken, wie anfangs auf dem See: Herr, gehe von mir hinaus, ich bin ein sündiger Mensch! Aber Jesus tut das Gegenteil, er hebt seine Jünger auf: Fürchtet euch nicht! Als sie aufblicken, sehen sie niemand als Jesus allein. Es ist wieder wie früher und doch anders: Durch seine Hände wurden sie angenommen. Auch wir dürfen des Herrn Herrlichkeit dabei wissen, wenn seine Hände unsere Kinder taufen, uns das Sakrament des Altars reichen, uns die Vergebung unter Handauflegung zusprechen. Das „allein“ ist nicht bedauernd oder gar enttäuscht gemeint. Sondern: Jesus allein – das ist wunderbares Evangelium. Er allein ist unsere Zuversicht. Das nahmen nun die

Jünger und Apostel mit in die anbrechende Kampfzeit der Christenheit auf Erden. Seine Hände sind über uns.

3. **Wir haben seine Herrlichkeit selber gesehen unter seinen Worten!**

Die Stimme Gottes hatte gesagt: „Dies ist mein lieber Sohn, an dem ich Wohlgefallen habe; den sollt ihr hören!" Gemeint ist damit: Der wird jetzt den Weg der Ohnmacht gehen. Lasst euch aber nicht irre machen im Glauben an ihn. Hört auf ihn – allein! Schon Mose hatte Israel zum Abschied gesagt: „Einen Propheten wie mich wird dir der HERR, dein Gott, erwecken aus dir und aus deinen Brüdern; dem sollt ihr gehorchen." (5.Mose 18,15) Der ist jetzt da, von Gott bestätigt. Er ist mehr als Mose. Das Alte Testament schließt mit den Worten: „Gedenkt an das Gesetz meines Knechtes Mose, das ich ihm befohlen habe auf dem Berge Horeb für ganz Israel, an alle Gebote und Rechte! Siehe, ich will euch senden den Propheten Elia, ehe der große und schreckliche Tag des HERRN kommt" (Mal. 3,22f). Jesus erkannte in Johannes dem Täufer diesen Elia. Mose, Elia – jetzt liegt alles bei Christus allein: Den sollt ihr hören! Unter seinen Worten haben wir die Herrlichkeit selber gesehen. Denkt an die Erkenntnis der Weisen an der Krippe, an die Glaubenserkenntnis seiner Jünger auf der Hochzeit in Kana „am dritten Tage", die Zeichen der Heilung selbst unter Heiden und der Vollmacht über die Naturgewalten! ER hat sich nicht unerkennbar gehalten. Mit Luther bekennen wir: „Das Wort sie sollen lassen stahn." – auch bei dir und mir.

Wir feiern heute noch einmal ein Fest mit der liturgischen Farbe weiß. Am besten sagen den Grund dafür Worte des Apostels Paulus aus: „ Nun aber schauen wir alle mit aufgedecktem Angesicht die Herrlichkeit des Herrn wie in einem Spiegel, und wir werden verklärt in sein Bild von einer Herrlichkeit zur andern von dem Herrn, der der Geist ist." (2.Kor. 3,18). In unserem Bibeltext heute geht es um die Ewigkeit des Reiches Gottes und das Lob der heiligen Dreieinigkeit. Wir sollten ihn als eine kostbare Gabe ansehen. Amen.

Matthäus 4, 1 – 11 zum Sonntag Invokavit

Da wurde Jesus vom Geist in die Wüste geführt, damit er von dem Teufel versucht würde. Und da er vierzig Tage und vierzig Nächte gefastet hatte, hungerte ihn. Und der Versucher trat zu ihm und sprach: Bist du Gottes Sohn, so sprich, dass diese Steine Brot werden. Er aber antwortete

und sprach: Es steht geschrieben (5.Mose 8,3): »Der Mensch lebt nicht vom Brot allein, sondern von einem jeden Wort, das aus dem Mund Gottes geht. « Da führte ihn der Teufel mit sich in die heilige Stadt und stellte ihn auf die Zinne des Tempels und sprach zu ihm: Bist du Gottes Sohn, so wirf dich hinab; denn es steht geschrieben (Psalm 91,11-12): »Er wird seinen Engeln deinetwegen Befehl geben; und sie werden dich auf den Händen tragen, damit du deinen Fuß nicht an einen Stein stößt.« Da sprach Jesus zu ihm: Wiederum steht auch geschrieben (5.Mose 6,16): »Du sollst den Herrn, deinen Gott, nicht versuchen. « Darauf führte ihn der Teufel mit sich auf einen sehr hohen Berg und zeigte ihm alle Reiche der Welt und ihre Herrlichkeit und sprach zu ihm: Das alles will ich dir geben, wenn du niederfällst und mich anbetest. Da sprach Jesus zu ihm: Weg mit dir, Satan! Denn es steht geschrieben (5.Mose 6,13): »Du sollst anbeten den Herrn, deinen Gott, und ihm allein dienen. « Da verließ ihn der Teufel. Und siehe, da traten Engel zu ihm und dienten ihm.

Ein Kampf spielt sich hier ab. Aber die Waffen sind Worte, die sowohl der Versucher als auch Jesus einsetzen. Also ist es ein ganz ungewöhnlicher Kampf. Vielen ist auch ein Rechnen mit dem Teufel völlig ungewöhnlich. Doch müssen wir das Böse und den Bösen unterscheiden. Mit einem sachlichen Bösen kann man fertig werden. Aber der Böse ist unheimlich und eine dämonische geistige Macht. Wer im Fernsehen schon einmal eine Veranstaltung der Satanisten gesehen hat, kennt deren Triumphieren. Es geht dabei auch um uns, die wir Worte verstehen können und nach ihren Worten die Gegner einschätzen sollen. Denn damit nehmen wir Stellung. Unter welchen Einfluss gehören wir im Auf und Ab unseres Lebens? Unter einen gottfeindlichen – oder einen siegenden und damit uns rettenden?

Der Teufel will Jesus entmachten, indem er ihn scheinbar erhöht. Das ist immer eine raffinierte Methode, um Menschen für seine Sache zu gewinnen, indem sie einen guten und einträglichen Posten angeboten bekommen. Jesus aber widersteht allen Mitteln Satans. Und wir? Wir sind nicht aufgerufen, für uns allein nun ebenso zu kämpfen. Sondern Jesus steht mit uns und um uns im Kampf. Wir kämpfen alle Tage eng an seiner Seite.

Jesus ist versucht in allem wie wir.

1. Wenn es um Brot geht.

Hunger verlangt gebieterisch nach Nahrung. Der Versucher benutzt das, um Jesu Aufblick zu Gott abzulenken. Er ließ ihn bedenken, welche Rechte und Befugnisse der Sohn Gottes doch habe: Er darf die ganze Schöpfung in Anspruch nehmen, ihr befehlen, denn er ist doch ihr Herr! Mehr noch: Gott habe ihn, den Sohn, doch lieb – da wird kein Mangel dies Verhältnis beeinträchtigen dürfen! Bei uns ist es ganz ähnlich: In Mangel und Not denken wir nur an das, was wir brauchen, was uns abgeht, im Hunger nach allem, was zur täglichen Nahrung und Notwendigkeit gehört. Was Luther für seine Zeit in der vierten Vaterunserbitte im Kleinen Katechismus aufzählt, führen wir an, dass wir es doch als Gottes Kinder beanspruchen können. So viele Christen haben immer über etwas zu klagen. Und wenn wir es nicht bekommen, ist der Zweifel an Gott da.

Gut, wenn man in der heiligen Schrift zu Hause ist! Jesus weiß dort zu lesen, dass Leben mehr ist als Lebensmittel: „Der Mensch lebt nicht vom Brot allein, sondern von einem jeden Wort, das aus dem Mund Gottes geht." Gott kann auch ohne all das erhalten, was wir mitten in steiniger Wüste für ein dringendes Lebensmittel halten. Wir leben davon, dass Gott zu uns spricht. Der Versucher sagt zu Jesus: Du kannst alles! Jesus entgegnet: Ich kann, was mich Gott tun heißt.

Jesus ist versucht in allem wie wir,

2. Wenn es um Gehorsam geht.

Nun nimmt der Teufel Jesus beim Wort, wenn der schon nur auf seines Vaters Wort hin handeln will. Es steht doch in der Bibel vom Beschützen geschrieben: »Er wird seinen Engeln deinetwegen Befehl geben; und sie werden dich auf den Händen tragen, damit du deinen Fuß nicht an einen Stein stößt. « Also darf sich Gottes Sohn nicht fürchten, selbst wenn er von der hohen Zinne des Tempels herabspringt! Also: Auf Gottes Verheißung wirf dich nun auch hinab! Viele werden es sehen und von Todesgefahr reden. Gottes Sohn braucht das doch nicht zu fürchten! Zeige, dass du dich nicht bloß mit Worten auf Gottes Schutz verlässt!

Wir kennen das auch: Im großen Mut Gott etwas abverlangen wollen, Wunder herbeizwingen, in kühnem Anwenden eines Gotteswortes Krankheiten heilen oder Feinde besiegen. Wie oft sind Truppen unter solchem vermeintlichen Segen in die Schlachten gezogen. Vor Gerichten rief man in alten Zeiten ein Gottesurteil an, um schwierige Fälle zu lösen. Es gibt sogar die Meinung, Judas habe Jesus verraten, um ihn endlich zum Offenbaren seiner übermenschlichen Macht zu zwingen. Die Sensation als Missionsmittel gebrauchen, wäre das nicht ein Glaubensvorsprung vor anderen Religionen und müsste es nicht deren Anhänger überzeugen?

Jesus vertraut auf Gottes Verheißungen. Aber er weiß auch von der Anordnung: „Du sollst den Herrn, deinen Gott, nicht versuchen", nicht auf die Probe stellen. Es geht ihm um die ganze Bibel, um alle Worte Gottes. Daran hat sich der Gehorsam auszurichten. Der Versucher meint: Es gibt doch für dich keine Gefahr! Jesus fügt hinzu: Solange ich mich nicht an Gott versündige!

Jesus ist versucht in allem wie wir,

3. Wenn es um Gott selbst geht.

In der letzten Versuchung stellt Satan Jesus sein königliches Ziel als nahe erreichbar dar. Er würde ihm sogar helfen bei der Begründung seiner Macht. Den Blick Jesu lenkt er auf alle Herrscher dieser Welt. Alle Macht soll nun Jesus zugeführt werden. Widerstandslos will „der Fürst dieser Welt" den Platz räumen. Jesus soll nur ihm das tun, was sonst nur Gott gegenüber geschieht - als wäre es nur eine kleine Gefälligkeit!

Die ganze Welt oder doch zunächst meine eigene Welt total in den Griff zu bekommen? Dafür ist man zu allen Zugeständnissen bereit. Das, was Gott zukommt, tritt in den Hintergrund. Zum Ziel kommen, selbst auf kriminellen Umwegen – das kennen wir auch. Jesus seinerseits lässt den Versucher abfahren, indem er ihm klar sagt, wer er ist, dieser vermeintlich große Wohltäter mit seinen Einflüsterungen, niemand anderes als Satan selbst! Jesus aber will und wird Gott nicht vergessen, sondern ihm allein dienen. Wie für alle Menschen steht auch ihm Gottes 1. Gebot obenan: „Ich bin der HERR, dein Gott … du sollst keine anderen Götter haben neben mir" (2. Mose 20, 2.3).

Damit ist entschieden: Jesus wird sich nicht vom Leiden freimachen, weil er Gottes Sohn ist. Er wird sich nicht in die irdischen Spekulationen fügen, weil er gehorsam bleibt. Er wird sich nicht selbst erhöhen, sondern auf Gottes Macht warten. Nach seiner Auferstehung aber hat er dann gesagt: „Mir ist gegeben alle Gewalt im Himmel und auf Erden!" Amen.

Markus 12, 1 – 12 zum Sonntag Reminiscere

Und er fing an, zu ihnen in Gleichnissen zu reden: Ein Mensch pflanzte einen Weinberg und zog einen Zaun darum und grub eine Kelter und baute einen Turm und verpachtete ihn an Weingärtner und ging außer Landes. Und er sandte, als die Zeit kam, einen Knecht zu den Weingärtnern, damit er von den Weingärtnern seinen Anteil an den Früchten des Weinbergs hole. Sie nahmen ihn aber, schlugen ihn und schickten ihn mit leeren Händen fort. Abermals

sandte er zu ihnen einen andern Knecht; dem schlugen sie auf den Kopf und schmähten ihn. Und er sandte noch einen andern, den töteten sie; und viele andere: die einen schlugen sie, die andern töteten sie. Da hatte er noch einen, seinen geliebten Sohn; den sandte er als Letzten auch zu ihnen und sagte sich: Sie werden sich vor meinem Sohn scheuen. Sie aber, die Weingärtner, sprachen untereinander: Dies ist der Erbe; kommt, lasst uns ihn töten, so wird das Erbe unser sein! Und sie nahmen ihn und töteten ihn und warfen ihn hinaus vor den Weinberg.
Was wird nun der Herr des Weinbergs tun? Er wird kommen und die Weingärtner umbringen und den Weinberg andern geben. Habt ihr denn nicht dieses Schriftwort gelesen (Psalm 118,22-23): »Der Stein, den die Bauleute verworfen haben, der ist zum Eckstein geworden. Vom Herrn ist das geschehen und ist ein Wunder vor unsern Augen«?
Und sie trachteten danach, ihn zu ergreifen, und fürchteten sich doch vor dem Volk; denn sie verstanden, dass er auf sie hin dies Gleichnis gesagt hatte. Und sie ließen ihn und gingen davon.

Das Verhältnis zwischen Gott und den Menschen ist ein schmerzvolles, jedenfalls zunächst für Gott selbst. Gerade weil ER sich nicht aufdrängt und kommandiert, sondern sich bewusst zurückhält und um uns wirbt in Liebe. Schmerzvoll auch gerade deshalb, weil der Mensch sich immer weitergehend von Gott entfernt und lossagt und alles selbst in die Hand bekommen und festhalten will. Gott gerät mit seiner Liebe in eine solche Zerreißprobe, dass Jesus dieses Gleichnis hier erzählen muss. Der zentrale Satz steht mitten darin:

Da hatte er noch einen, seinen geliebten Sohn

1. als letzten Boten,

2. als höchsten Einsatz,

3. als neuen Anfang.

1.

Da hatte er noch einen. Das klingt so, wie wenn einer alles gesetzt hat am Spieltisch, es verlor, und nun das letzte setzt, was er hat. Um so etwas sollte ja nie und nimmer gespielt werden! Wie konnte es dazu kommen? Es ist ja hier nicht nach der Weise gegangen: Wie gewonnen, so zerronnen. Achten wir auf die Tätigkeitswörter des sorgfältigen Anlegens eines Weinberges: Ein Mensch pflanzte … zog Zaun darum … grub … baute … verpachtete … ging. Hier ist mit Sachverstand und zielstrebig vorgegangen worden. Wenn dieser Herr des Weinbergs ein Gleichnis für Gott ist, dann denken wir sofort an den Schöpfer: Gott sprach über Himmel und Erde … schied … baute … ließ hervorgehen … bildete … umsorgte … segnete die Menschen. So die Tätigkeiten in der Schöpfungserzählung 1.Mose 1.

Er ließ jeden von uns werden, wachsen, lernen, etwas können, Familie und Beruf haben. Und dann sucht er von all den Bemühungen Früchte. Wohlgemerkt: Auch für sich! Mit Recht lehrte Luther: „Das alles ich *ihm* zu danken und zu loben und dafür zu dienen und gehorsam zu sein schuldig bin." Gott sucht sein Ebenbild, die vertrauenden und auf IHN bauenden Menschen.
Es wird so oft Achtung der Menschenrechte gefordert. Sie sind von der UNO anerkannt, und jeder anständige Mensch vertritt sie auch. Wo aber bleiben die Gottesrechte? Wer achtet sie und setzt sich dafür ein? Es ist ja nicht wahr, dass „Glaubensfreiheit" bedeutet, dass Gott sich mit seinen eingetragenen Anhängern zufrieden geben müsse. Gott hat ein Recht auf jeden Menschen. Wer Gott ablehnt oder gar bekämpfen will, missachtet die Gottesrechte, verwehrt ihm sein Eigentum.
Gott hat bisher seine Rechte nur gefordert, noch nicht durchgesetzt. Er hat nur Mahnungen geschickt, Boten gesandt. Was haben wir mit ihnen gemacht, den zunächst jungen Theologen, den dann so oft „ausgebrannten" und sich immer wieder aufraffenden Pfarrern? Wohl haben wir ihnen nicht die Köpfe blutig geschlagen, aber seelisch verwundet, sie mit schlechten Früchten, mit für Gott Wertlosem, mit Ersatz abgespeist.
Da hatte er noch einen, seinen geliebten Sohn – als letzten Boten. Und was dann?

2.

Als höchsten Einsatz! „Sie werden sich vor meinem Sohn scheuen." Also nicht auf Angst und Einschüchterung war der Herr des Weinbergs aus, sondern auf Beschämung seiner Feinde. Nicht einen höchsten Trumpf wollte er ausspielen, sondern ein Gipfeltreffen mit seinem Volk haben: Seht doch, es geht um den Sinn des ganzen Daseins! Ich, euer Gott, habe euch einfach lieb, und ihr seid nun einmal nicht zu Arbeitstieren, Wissensspeichern oder feinfühlig suchenden Künstlern geschaffen, sondern zu meinem Ebenbild. Sonst würdet ihr zur Totenmaske oder zur Marionette eurer Umgebung werden oder gar verborgener Mächte. Darum: Mein geliebter Sohn wird euch zur Reue und zur Umkehr bringen.

Wenn Jesus nun getötet wird, dann hat nicht etwa Gott alles verspielt und ausgedient, sondern wir haben die letzte Frist versäumt. Wenn Jesus getötet wird, muss nicht Gott den Platz räumen, sondern wir stürzen ab. Ist das nur ein Gleichnis für die Juden zur Zeit Jesu? Paulus hat es gepredigt, dass das Evangelium aller Welt gilt, aber genau so die Warnung Gottes. Man kann als Christ schuldig werden am Leib und Blut des Herrn, am höchsten Einsatz Gottes!

3.

Da hatte er noch einen, seinen geliebten Sohn. Welch ein Irrtum: Lasst uns ihn töten, so wird das Erbe unser sein. Lasst uns aus der Kirche austreten, dann wird unser Leben uns selbst gehören. Nein, es wird Gericht gehalten. Der Weinberg wird an andere vergeben. Der verworfene, mundtot gemachte und gekreuzigte Sohn Gottes wird zum Ursprung eines neuen Anfangs werden – aber für andere! Das ist nun nicht mehr deren Sache, die Gottes Rechte verweigert haben. Für ganz andere wird nun ein Eckstein, ein Grundstein gelegt.

Ach, könnten wir zu diesen „anderen" gehören! Möchtest du das? Bei Gott ist das tatsächlich möglich. Wie geschieht das? Wenn ich zum Gekreuzigten trete: „Ich will hier bei dir stehen, verachte mich doch nicht!" Wenn ich nur IHM ganz allein vertraue in der Tiefe meines Herzens: „Der Grund, da ich mich gründe, ist Christus und sein Blut!" Dann geschieht das Anders-Werden: „Wenn der himmlische Vater uns seinen heiligen Geist gibt, dass wir seinem heiligen Wort durch seine Gnade glauben und göttlich leben, hier zeitlich und dort ewiglich." Da hatte er noch einen, seinen geliebten Sohn – als neuen Anfang.

Die Reaktion der ersten Hörer des Gleichnisses: „Sie ließen ihn und gingen davon." Und wir? Sie ließen ihn nicht und gingen nicht davon!

Vater im Himmel, bitte hilf mir, durch deinen einzigen Sohn und mit ihm zu leben! Amen.

Jesaja 54, 7-10 zum Sonntag Lätare

Ich habe dich einen kleinen Augenblick verlassen, aber mit großer Barmherzigkeit will ich dich sammeln. Ich habe mein Angesicht im Augenblick des Zorns ein wenig vor dir verborgen, aber mit ewiger Gnade will ich mich deiner erbarmen, spricht der HERR, dein Erlöser. Ich halte es wie zur Zeit Noahs, als ich schwor, dass die Wasser Noahs nicht mehr über die Erde gehen sollten. So habe ich geschworen, dass ich nicht mehr über dich zürnen und dich nicht mehr schelten will. Denn es sollen wohl Berge weichen und Hügel hinfallen, aber meine Gnade soll nicht von dir weichen, und der Bund meines Friedens soll nicht hinfallen, spricht der HERR, dein Erbarmer.

Dieser Text ist vielleicht jetzt nichts für uns, für dich und mich nicht. Denn man kann ihn nicht lesen in der gemütlichen Welt zwischen Werbung des Fernsehens und Auslagen unsrer Schaufenster. Er passt nicht zu den großen Worten der Leute. Diese Worte Gottes kann man nicht als genüsslichen Leckerbissen sich wie aus einer hingehaltenen Pralinenschachtel unter vielem anderen auserlesen. Gott will nicht, dass man seinen Namen missbraucht. Das gehört zu seinen wichtigen Geboten.

Eigentlich sollte dieser Text mit sieben Siegeln uns verschlossen sein. Er hat nämlich seine Voraussetzungen. Ich will versuchen, das zu erklären. Versetzen wir uns zurück in die Kinderzeit. Die Eltern sind mit mir auf Reisen. Da gibt es so Vieles und Interessantes zu sehen. Dabei habe ich auf einmal die Eltern verloren. Sie sind weit und breit nicht mehr zu sehen. Ein schlimmes Erschrecken zuckt durch das Herz. Wohin nun? Wie weiter? Ich weiß es nicht. In jeder Richtung kann man sich weiter entfernen. Die Leute eilen alle fremd vorüber. Da interessiert mich nichts anderes mehr als die würgende Angst in völlig unbekannter Gegend. Ich bin einsam und ausgeliefert. Mein Befinden ist bedrohlich und ausweglos. Ich weine.

Und dann sind die Eltern wieder da. Ich umfasse sie aufschluchzend und klammere mich an sie. Mit einem Schlag löst sich die ganze Not auf. Die Geborgenheit kehrt zurück, ganz gleich, ob die Eltern nun schelten oder mir über den Kopf streichen. Sie sind wieder da. Das sonst so Selbstverständliche wird als kostbare Gabe gesehen, voller Dank mit Liebe erwidert.

Nur wer solche Verlassenheit vor Gott kennt und durchleidet, wird dieses Gotteswort verstehen können. Diese Verlassenheit aber nicht kennen – heißt das, dass sie auch gar nicht besteht? Der verlorene Sohn zieht davon und verliert Vater und Mutter aus dem Blick (Luk. 15), dann auch aus dem Sinn und das für lange und unbestimmte Zeit. Damit ist er aber nicht der Not entnommen. Er merkt und empfindet sie nur nicht. Ist ihm da zu helfen? Sein Vater wartet daheim unter dem Tor. Mehr kann und will er nicht tun.

Wie mag es auch Gott schmerzen, uns in unser Unglück ziehen zu lassen! Wegen der beanspruchten und gewährten Selbständigkeit geht es auch gar nicht anders. Wie gern würden die Eltern den Umkehrenden in die Arme schließen!

Ist der verlassene und verlorene Gott denn der überholte, der vergessene, der abgelegte, bedeutungslose, nichtige, tote Gott? Wir Menschen denken doch schnell: Je weniger er eine Rolle in meinem Leben spielt, umso weniger existiert er doch. Aber – ist denn das Dasein Gottes an der Skala unseres Glaubens ablesbar? Gott nimmt ab, der Mensch aber bleibt, was er ist, oder hat eine neue Stufe erreicht? O nein! Das wäre ja gerade die Absicht des Versuchers und seiner Hölle. Ich selbst ziehe mir nun Gottes Zorn zu und verfalle der Sünde und der Gottlosigkeit.

Die erschrocken sind vor der Ewigkeit einer Gottesferne, vor der zornigen Abwendung Gottes, vor Sintflut- und Erdbebenerwartung, vor der Unbeständigkeit ihres Wesens – die erst können unseren Bibelabschnitt richtig lesen.

Es ist ein großes und liebevolles Trösten Gottes in diesen Worten. Er sagt nicht: Du hast dich geirrt, ich war ja immer da, habe dich stets im Auge gehabt. Es bestand keine Gefahr. Du bist es, der sich geirrt hat. Nein, es war schon schlimm und sehr gefährlich. Aber jetzt ist alles gut, nicht vorübergehend, sondern für immer. „Der Bund meines Friedens soll nicht hinfallen". Wie Berge steht er fest.

Gibt da Gott nicht ein gewagtes Blanko-Guthaben? An uns doch immer noch sündige Menschen? In den 95 Thesen des Reformators Martin Luther heißt es, dass das Evangelium der wahre Schatz der Kirche sei, aus dem alle Zeit geschöpft werden kann für jedermann.

Auf Gottes Seite bleibt der Bund, Christi neues Testament in seinem Blut, und unser Taufbund „feste stehn". Eine Noahkatastrophe als totales Abschieben der Menschheit wird es nicht mehr geben. So groß ist das Kreuz Christi, dass es die ganze Welt deckt, und hier der Spruch gilt: „Zuflucht ist bei dem alten Gott und unter den ewigen Armen." (5. Mose 33, 27). Aber auf beliebigen Vorrat kann die Gnade so wenig gehortet werden wie das Manna (2. Mose 16,4).

Den Willen zur Gnade hat Gott feierlich beschworen. Der wird bestehen bleiben, auch wenn Himmel und Erde untergehen sollten. „Der HERR, dein Erbarmer. Der HERR, dein Erlöser. Ewige Gnade. Bund des Friedens". Dorthin werden wir gesammelt aus allem Erschrecken und Alleinsein, aus allen Naturkatastrophen und Verbrechen, aus allem Verlorensein. Amen.

Matthäus 27,33-54 zum Karfreitag

Und als sie an die Stätte kamen mit Namen Golgatha, das heißt: Schädelstätte, gaben sie ihm Wein zu trinken mit Galle vermischt; und als er's schmeckte, wollte er nicht trinken. Als sie ihn aber gekreuzigt hatten, verteilten sie seine Kleider und warfen das Los darum. Und sie saßen da und bewachten ihn. Und oben über sein Haupt setzten sie eine Aufschrift mit der Ursache seines Todes: Dies ist Jesus, der Juden König.
Und da wurden zwei Räuber mit ihm gekreuzigt, einer zur Rechten und einer zur Linken.
Die aber vorübergingen, lästerten ihn und schüttelten ihre Köpfe und sprachen: Der du den Tempel abbrichst und baust ihn auf in drei Tagen, hilf dir selber, wenn du Gottes Sohn bist, und steig herab vom Kreuz! Desgleichen spotteten auch die Hohenpriester mit den Schriftgelehrten und Ältesten und sprachen: Andern hat er geholfen und kann sich selber nicht helfen. Ist er der König von Israel, so steige er nun vom Kreuz herab. Dann wollen wir an ihn glauben. Er hat Gott vertraut; der erlöse ihn nun, wenn er Gefallen an ihm hat; denn er hat gesagt: Ich bin Gottes Sohn. Desgleichen schmähten ihn auch die Räuber, die mit ihm gekreuzigt waren.
Und von der sechsten Stunde an kam eine Finsternis über das ganze Land bis zur neunten Stunde. Und um die neunte Stunde schrie Jesus laut: Eli, Eli, lama asabtani? Das heißt: Mein Gott, mein Gott, warum hast du mich verlassen?
Einige aber, die da standen, als sie das hörten, sprachen sie: Der ruft nach Elia. Und sogleich lief einer von ihnen, nahm einen Schwamm und füllte ihn mit Essig und steckte ihn auf ein Rohr und gab ihm zu trinken. Die andern aber sprachen: Halt, lass sehen, ob Elia komme und ihm helfe! Aber Jesus schrie abermals laut und verschied.
Und siehe, der Vorhang im Tempel zerriss in zwei Stücke von oben an bis unten aus. Und die Erde erbebte und die Felsen zerrissen, und die Gräber taten sich auf und viele Leiber der entschlafenen Heiligen standen auf und gingen aus den Gräbern nach seiner Auferstehung und kamen in die heilige Stadt und erschienen vielen. Als aber der Hauptmann und die mit ihm Jesus bewachten das Erdbeben sahen und was da geschah, erschraken sie sehr und sprachen: Wahrlich, dieser ist Gottes Sohn gewesen!

Die Kreuzigung Jesu steht so im Mittelpunkt der Christenheit, dass auf den Altären ihrer Kirchen Kruzifixe stehen, ihre Kirchen oft in Kreuzform gebaut sind, Kreuze um den Hals getragen werden von Seeleuten bis zu Teenagern, Segensworte mit Bekreuzigen begleitet werden und schließlich Kreuze auch auf Gräbern der Christen stehen. Darum ist der Karfreitag ein besonderer Gedenktag, freilich nur darum, weil das heilige Osterfest drei Tage später Gottes Antwort darauf ist.

Wir wollen aber hier das, was Matthäus erzählt, auf uns wirken lassen. Grausamkeiten mit anzusehen, das sind die Menschen von heute zwar vom Fernsehen gewöhnt, von den Kindern bis zu den Großen. Die Filme darüber können wir nur aus innerem Abstand heraus vertragen. So mag es auch sein, wenn es um die Kreuzigung des Herrn geht. Auffällig ist aber, dass das Evangelium von der Qual, den Schmerzen, dem Bluten, dem schrecklichen Anblick und dem Sterben Jesu gar nichts Näheres erzählt. Beachten wir, dass es viel mehr um die Zuschauer geht, die damals das Kreuz umgaben. Von ihnen wird uns berichtet. Warum ist das so? Weil es auch um uns, die Hörer des Evangeliums heute geht. Es wird uns und aller Welt ein Spiegel vorgehalten.

So geht es in dieser Welt zu! Hier wird einer fertig gemacht. Christen wissen: Es ist Gott selber. Aber wie ihm ergeht es Menschen auf der Welt täglich, wenn sie umgebracht werden. Für alle stirbt Jesus. Aber das haben die Seinen erst später erkannt. Hier nun wird ihr Meister auch moralisch fertig gemacht. In gemeinem Spott stellt man ihn als Versager, als Hochstapler, als Lügner hin. Jesus wird fertig gemacht – und viele Leute, die um das Kreuz stehen, fühlen sich dabei in vollem Recht. Die Hinrichtung soll diesen Mann vernichten, damit er für immer ein Nichts sei, ein Niemand, keiner Erinnerung mehr wert. Vermeintlich wird er vom hohen Podest heruntergeholt.

Alle sind sie gegen ihn: Die rohen Soldaten führen ihre Befehle aus. Nicht zum ersten Mal machen sie so eine Exekution. Vielleicht ist es ihnen sogar eine Abwechslung im sonst so tristen Dienst. Wahrscheinlich haben sie gelacht über den Witz mit der Galle, die sie dem üblichen Betäubungstrank beigemischt haben. Ihr Trinkgeld ist die geringe Habe des Gekreuzigten, die der ja nun nicht mehr braucht.

Mit dem Schild oben am Kreuz: „Dies ist Jesus, der Juden König!“ wird Jesus und überdies auch das Volk der Juden verspottet. Es meint: Was wollt ihr Wichte gegen das mächtige Rom schon unternehmen? Der Hohe Rat hat den Spott auch empfunden und bat um eine andere Beschriftung. Er erhielt die stolze Antwort des Pilatus: Was ich geschrieben habe, das habe ich geschrieben!

Die vielen Schaulustigen haben nun auch ihr Urteil dem Zeitgeist angepasst: Mit dem sind wir fertig! Über einen solchen hilflosen Spinner kann man nur den Kopf schütteln. Und sie tun es auch von oben herab. Gottes Sohn will er sein? Dann soll er doch vom Kreuz steigen! Was hat er für große Worte vom Abbrechen und Wiederaufbau des Tempels gesprochen! Nun kann er nicht einmal seine Hinrichtung verhindern. Ob sich wohl welche geschämt haben, dass sie vor fünf Tagen noch Hosianna riefen?

Auch die Führungsschicht der Juden macht da mit. Sie fordern sogar ein Gottesurteil heraus: „Er hat Gott vertraut. Der erlöse ihn nun, wenn er Gefallen an ihm hat! Denn er hat gesagt: Ich bin Gottes Sohn." Bei einem Gottesurteil muss Gott eingreifen. Das war den Menschen damals ganz gewiss. Tut er es nicht, dann haben sie mit ihrem Urteil Recht. Wir wollen es klar erkennen: Hier trifft auf Jesus eine letzte höchste Versuchung, so wie Satan es schon nach Jesu Taufe anfing. Es sind gleiche Worte wie damals: Bist du Gottes Sohn, dann sprich, dass diese Steine Brot werden! Bist du Gottes Sohn, dann wirf dich hinab von der Zinne des Tempels! Bist du Gottes Sohn, dann steig herab vom Kreuz! Aber Jesus bleibt seinem Auftrag treu und tut nichts dagegen, dass die Menschen sich nun sagen: Mit dem sind wir fertig.

Bei all diesen Vorgängen, die wir kennen sollen, sind wir aber nicht nur Zuschauer. Wir sind selbst betroffen und auch angeklagt. Es gibt lange oder kurze Strecken meines Lebens, da Gott überhaupt keine Rolle für mich spielt. Auch mir werden vielleicht Begründungen nahe gelegt, die zu dem Schluss führen sollen: Mit dem bin ich fertig. Ich stehe damit nicht allein. Weithin ist es in unserem Volk dahin gekommen. Jedes Jahr treten Hunderttausende aus ihrer Kirche aus. Viele finden nichts dabei, wollen auch damit nichts Böses tun. Aber schon macht sich auch ein kämpferischer Atheismus breit. Er sagt uns, Jesus habe nie gelebt, jedenfalls nicht so, wie es die Bibel sagt. Dann: Religion sei krankhaft. Kinder und Jugendliche müssten vor ihrem Einfluss geschützt werden. Bekennende Christen werden Fundamentalisten gleich gesetzt. In Europa gibt es laute Rufe bei Demonstrationen: Jesus? Mit dem sind wir fertig! 2010 schleuderte man einer Demonstration von Lebensrechtlern in Berlin eine brennende Bibel vor die Füße.

Auch wir Kirchenchristen sind anfällig für solches Einreden des bösen Feindes. Denken wir an den frommen Propheten Jesaja, der sagte: „Weh mir, ich vergehe, denn ich bin unreiner Lippen und wohne unter einem Volk von unreinen Lippen." Solche Einstellung kommt auch uns zu. Wir sehen uns Filme an, die Gott schmähen, wir lesen einschlägige Bestseller, lachen gar über Karikaturen. Immer bleibt dabei etwas hängen in unseren Herzen. Wir werden lahm im Glauben, leben und handeln so, dass der Eindruck entsteht: Mit dem sind wir fertig!

Jesus schrie in seiner Herzensfinsternis „Mein Gott, mein Gott, warum hast du mich verlassen?" Er betet schreiend! Aber er betet! Er lässt sich nicht von seinem himmlischen Vater losreißen. Dem

Morden, dem Tod widersteht er nicht. Es ist der ihm vorgezeichnete Weg, den er wiederholt seinen Jüngern angekündigt hat. Doch die verstanden das damals nicht. Und wo sind sie unter dem Kreuz? Jesus ist doch nicht der weltfremde Außenseiter, für den man ihn hält und mit dem man fertig ist. Er ist der Sohn Gottes, der als Mensch geboren wurde und als Retter der Sünder gestorben ist.

All die schlimmen Spott- und Lästerworte haben noch eine andere Seite, die man Punkt für Punkt erkennen kann. Denn in aller Verborgenheit ist Gott im finsteren Karfreitagsgeschehen doch mit dabei. Auch - und gerade dort besonders - ist Jesus unser Seligmacher, unser Heiland, unser Retter auf der ganzen Linie. Wehrlos sühnte er für uns und wich nicht dem Menschenschicksal aus. Aber selbst ist er kein Sünder. Das ist ganz wichtig. Darum gibt es die Kruzifixe in unserer Welt.

Bedenken wir also: Am Kreuz stand geschrieben: Dies ist Jesus, der Juden König. Aber das ist er ja wirklich! Alle Prophezeiungen im Alten Testament, die auf einen ewigen Friedenskönig deuten, haben sich in Jesus Christus erfüllt. Wohl ist sein Reich nicht „von dieser Welt“, also auf keinem Atlas zu finden, aber es ist im Heiligen Geist unter uns schon angebrochen und wächst seiner Vollendung entgegen. Nicht nur wir Getauften dürfen dazu gehören, sondern auch alle unsere Vorfahren und Nachkommen in der Christenheit.

Und Jesus Christus ist tatsächlich dabei, den Tempel seines Leibes nach drei Tagen in der Auferstehung neu zu empfangen. Leib und Blut des Gekreuzigten werden von nun an seiner Christenheit zugute kommen. Christus baut einen Tempel aus lebendigen Steinen. Christus ist darin der Schlussstein. Oder in einem anderen Bild: Er ist das Haupt seines Leibes, wir sind seine Glieder. Angefangen hat Gott mit uns durch die heilige Taufe, Wegzehrung gibt er immer wieder durch seinen für uns dahingegebenen Leib und sein für uns vergossenes Blut im Sakrament des Altars.

Weiter ist es wahr und wird auch von Jesu grimmigen Feinden nicht abgestritten: Andern hat er geholfen. Und seht: Er tut es ja am Kreuz erst recht und für alle, die es annehmen wollen. Ja, er hat Gott vertraut! Auch diese Tatsache kann niemand abstreiten. Auch in Jesu letztem Todesschrei ist das noch so. Er tut es an unserer Stelle. So kann man bei der Kreuzigung trotz aller Dunkelheit doch Gottes Nähe entdecken, wenn sie auch von der spottenden Menge geleugnet wird.

Matthäus berichtet noch von einer anderen Wirkung der Kreuzigung des Herrn: Wenn auch die Menschen unter dem Kreuz Jesu ihn spottend völlig verkennen, die tote Materie reagiert auf das ungeheure Geschehen auf dem Hügel Golgatha vor den Toren Jerusalems:
Der Tempelvorhang zerreißt, nicht nur ein bisschen, sondern von oben an bis unten aus. Bisher war er die strenge Grenze zum Allerheiligsten, zur Nähe Gottes. Jetzt ist der Weg dorthin frei. Wo bisher nur der Hohepriester einmal im Jahr und nur nachdem er für sich selbst ein Opfer dargebracht hatte, eintreten durfte, da ist Jesus nun hindurch geschritten. Das heißt: Am Kreuz hat uns Jesus mit seinem Vater versöhnt.
Als weiteres Zeichen galt es, dass die Erde erbebte und Felsen zerrissen. Das heißt: Der Kosmos hat gemerkt, was sich hier ereignet. Man erinnert sich an des Herrn Wort: „Wo diese (die Jünger) schweigen werden, so werden die Steine schreien." Auch Gräber öffnen sich und künftige Auferstehung kündigt sich an.

Ganz weit außerhalb des Volkes Gottes, draußen am Rand der Szene, aber ganz nahe am Kreuz, nämlich unter den heidnischen Soldaten des Hinrichtungskommandos, da gibt es ein erstes tiefes Erschrecken und Bekennen: „Wahrlich, dieser ist Gottes Sohn gewesen!"

Gewesen? Gewesen, lieber Leser? Nein! Er ist es von Ewigkeit zu Ewigkeit! Anfangs haben wir nachgedacht über die menschliche Einstellung zu Jesus Christus: Mit dem sind wir fertig! Nun sei es erlaubt, dem Wort „fertig" in andere Richtung nachzudenken. Nun hören wir bei dem Wort die Bedeutung: fertig gestellt - vollendet - vollkommen.

Mit dem sind wir vollkommen! Das geschah durch Jesu tadelloses Leben und durch seinen unbeirrten Opfertod für uns. Mit Jesus Christus sind wir vollkommen. Wie sagte der Herr in der Bergpredigt? „Ihr sollt vollkommen sein, wie euer Vater im Himmel vollkommen ist." Zunächst scheint uns das ganz unmöglich. Es ist ein Gebot, das Martin Luther fast in die Verzweiflung trieb, weil es ihm unerfüllbar schien. Nach dem recht verstandenen Karfreitag ist das nicht mehr so. Jesus Christus will uns in seine Vollkommenheit mitnehmen. Das Wort aus der Bergpredigt ist zum Evangelium geworden. Dafür können wir ihm nur von ganzem Herzen danken und unseren Gott loben. Mit unserem Herrn sind wir vollkommen! Amen.

Markus 16, 1 – 8 zum Osterfest

Und als der Sabbat vergangen war, kauften Maria von Magdala und Maria, die Mutter des Jakobus, und Salome wohlriechende Öle, um hinzugehen und Jesus zu salben. Und sie kamen zum Grab am ersten Tag der Woche, sehr früh, als die Sonne aufging. Und sie sprachen untereinander: Wer wälzt uns den Stein von des Grabes Tür? Und sie sahen hin und wurden gewahr, dass der Stein weggewälzt war; denn er war sehr groß.
Und sie gingen hinein in das Grab und sahen einen Jüngling zur rechten Hand sitzen, der hatte ein langes weißes Gewand an, und sie entsetzten sich. Er aber sprach zu ihnen: Entsetzt euch nicht! Ihr sucht Jesus von Nazareth, den Gekreuzigten. Er ist auferstanden, er ist nicht hier. Siehe da die Stätte, wo sie ihn hinlegten. Geht aber hin und sagt seinen Jüngern und Petrus, dass er vor euch hingehen wird nach Galiläa; dort werdet ihr ihn sehen, wie er euch gesagt hat.
Und sie gingen hinaus und flohen von dem Grab; denn Zittern und Entsetzen hatte sie ergriffen. Und sie sagten niemand etwas; denn sie fürchteten sich.

Wer seinen Nächsten hat sterben sehen, dem erscheint auch das eigene Leben auf einmal fremd. Eben, gestern, unlängst war sie oder er noch da. Jetzt ist ein leerer Raum entstanden. Die Sachen sind noch da, Kleider, Briefe, viele persönliche Gegenstände, Fotos, der Wohnraum. Alles aber ist wie übrig Gebliebenes, als seien Reste ringsum. Wo ist sie hin, die liebe „Nächste“? Auch den Jüngern ging es so nach dem Karfreitag: Da war ER jahrelang ihr Meister und Lehrer gewesen, hatte mit ihnen gelebt, sie auf seine Wanderungen mitgenommen. Jetzt ist eine große Leere da. Wo ist er hin? Ach ja, er ist nun begraben, liegt in der Erde. Dennoch werden Jünger die Frage nicht los:

Wo ist unser Jesus?

1. „Ihr sucht Jesus von Nazareth.“

Die Frauen machen sich auf nach dem Sabbat, an dem das Ruhen Vorschrift war, um den toten Jesus zu salben nach der Sitte der Zeit. Es galt als eine letzte Pflicht, die noch abschließend zu erfüllen war. Sie machen sich auf, obwohl sie so tief enttäuscht und traurig sind. Aber sie kommen zu spät, als die zwei Nächte und drei Tage vergangen sind. Erst unterwegs haben sie an den schweren Stein gedacht, der den Weg ins Grab versperrt. Es ist eigentlich widersinnig, den Weg zum Grab fortzusetzen. Sie tun es dennoch. Vielleicht weiß Gott, was zu tun ist? Es ist wohl nicht

verkehrt, auch in ganz extremen Fällen, sich zu sagen, was Abraham seinem Sohn antwortete: Gott wird … (1.Mose 22,8).
Gottes Engel, hier Bote seiner Allwissenheit, sagt den Frauen, was in ihnen vorgeht: Sie suchen den gekreuzigten Jesus. Gott weiß es: Sie sind in ihren Gedanken und in ihrem Sehnen in der Vergangenheit, die man doch nicht zurückholen kann. Sie suchen den Meister, der er ihnen so lange ganz selbstverständlich war. Und müssen sich doch ganz hart sagen: Es ist vorbei!

So geht es vielen Menschen unserer Zeit. Da gibt es noch vielfach eine Sehnsucht nach dem früheren Glauben. Verbunden ist das vielleicht mit der verstorbenen Mutter oder dem Vater. Sie besuchen die Gotteshäuser. Diese sind für sie Zeugnisse vergangener inniger Anbetung und tiefer Freude. Das gab es also einmal für alle Einwohner: Ruhe und Geborgenheit in Gott. Im eigenen Leben gab es so etwas wie Gebetszeiten und hoffnungsvolles Aufatmen, vor dem Einschlafen etwa. Unbewusst suchen die Menschen alle nach einem Freund, einem Bruder, einem Vater, wie Jesus es war.

Nun ist heute Ostern. Das Leid der Menschheit, der Erde sogar, ist uns überdeutlich auf den Leib gerückt. Wo aber ist ER? Wir suchen heute Jesus. Wir gehen mit in den Gottesdienst, singen mit, rufen mit an. Aber ist er nicht doch tot? Ein Zeitalter abgeschlossen? Freude will da nicht aufkommen.

2. „Er ist nicht hier“.

Der wissende Engel, der den Frauen ihr Suchen auf den Kopf zusagt, der fährt schlicht fort: Er ist auferstanden, er ist nicht hier. *Hier* ist er nicht, wo ihr ihn sucht, da ihr zum Grab kommt. Hier ist er nicht, wo sonst der Schlusspunkt eines menschlichen Daseins ist, wo die Lebenslinie an ihr bitteres Ende gekommen ist. Die Frauen, die sich in guter Absicht bei Sonnenaufgang auf den Weg machten, finden ihn auf diese Weise nicht! Die Stelle, wo nun wirklich keiner mehr sich rühren und fortbewegen kann, ist leer. Was sucht ihr den Lebendigen bei den Toten?

Was heißt das für uns, lieber Mitchrist? In die Irre sind wir gegangen, wenn wir Ostern begehen mit unseren Urteilen oder Meinungen, wenn wir Jesu Lebenslauf bis zum „unerbittlichen“ Tod und dann nicht weiter wahrnehmen können. Hier ist er nicht! Wo die Zweifler stehen, die Spötter lachen, die Sucher träumen, die Sektierer spinnen, die Gleichgültigen sich abwenden, die Fanatiker zuschlagen – da überall ist er nicht.

3. „Er ist auferstanden!“

Was ist das? Wir können es mit den leiblichen Ohren noch nicht hören: Gott Vater hat jubelnd JA gesagt zum Weg des Sohnes. Der ging in die Welt, durch die Welt, für die Welt in den Tod und aus der Welt heraus. Er ist nun in Person die Auferstehung und das Leben. Es ist falsch gefragt, wenn es heißt: Gibt es eine Auferstehung? Richtig muss gesagt werden: Es gibt Jesus Christus! Wo ist er denn? Auferstanden! Also gibt es mehr und anderes als unsere erfahrbare Welt in ihren bekannten Dimensionen. Er aber ist ganz außerhalb unserer Todeswelt und ihrer Verderbensmächte. Trotzdem ist er nach wie vor für uns da, uns nahe, uns zu sich ziehend auf seine wunderbare Weise. Johannes überliefert im Evangelium ein Jesuswort: „Wenn ich erhöht werde von der Erde, so will ich alle zu mir ziehen.“ (12,32). Hier bei Markus hören wir nun weitere Weisung, nämlich wohin wir gehen sollen. Zu den Jüngern des Herrn und mit ihnen Jesus Christus entgegen! Dessen Werk und Macht gehen weiter.

Dass die Frauen erst mit Flucht, Zittern, Entsetzen reagieren, ist verständlich. „Er ist auferstanden“ ist zuviel für menschliche Fassungskraft. Das Halleluja kommt erst mit der Zeit, wächst heran. Im Osternachtsgottesdienst vermehrt sich das Licht aus Dunkel und Stille heraus, steigert sich die Tonhöhe, spielt die Orgel erst nach dem Gloria und dann erst läuten die Glocken. Die Lesungen wandern vom Alten Testament zum Evangelium hin. Vom Taufgedächtnis her kommen wir zum heiligen Abendmahl hin. Alles sind es Steigerungen. Der Osterjubel wächst heran, er ist eben nicht gleich da. Bis endlich zu den viel tausend Halleluja im Chor der Engel, von dem Johann Mentzer in seinem Lied „O dass ich tausend Zungen hätte“ singt. ER ist auferstanden! Jesus lebt, mit ihm auch ich. Wie gut, dass er nicht hier zur dunklen Grabeswelt gehört und doch so erreichbar und greifbar bei uns ist, uns großen Mut macht, für unsere Nächsten zu leben.

Wo ist Jesus? Wir wissen es jetzt. Damit ist auch die Frage nach dem Ziel unseres Weges beantwortet: „Wo mein Haupt durch ist gangen, da nimmt er mich auch mit.“ Amen

Hesekiel 34,1-2.10-16.31 zum Sonntag Misericordias Domini

Und des HERRN Wort geschah zu mir: Du Menschenkind, weissage gegen die Hirten Israels, weissage und sprich zu ihnen: So spricht Gott der HERR: Wehe den Hirten Israels, die sich selbst weiden! Sollen die Hirten nicht die Herde weiden?
So spricht Gott der HERR: Siehe, ich will an die Hirten und will meine Herde von ihren Händen fordern; ich will ein Ende damit machen, dass sie Hirten sind, und sie sollen sich nicht mehr selbst weiden. Ich will meine Schafe erretten aus ihrem Rachen, dass sie sie nicht mehr fressen sollen.
Denn so spricht Gott der HERR: Siehe, ich will mich meiner Herde selbst annehmen und sie suchen. Wie ein Hirte seine Schafe sucht, wenn sie von seiner Herde verirrt sind, so will ich meine Schafe suchen und will sie erretten von allen Orten, wohin sie zerstreut waren zurzeit, als es trüb und finster war. Ich will sie aus allen Völkern herausführen und aus allen Ländern sammeln und will sie in ihr Land bringen und will sie weiden auf den Bergen Israels, in den Tälern und an allen Plätzen des Landes. Ich will sie auf die beste Weide führen, und auf den hohen Bergen in Israel sollen ihre Auen sein; da werden sie auf guten Auen lagern und fette Weide haben auf den Bergen Israels. Ich selbst will meine Schafe weiden, und ich will sie lagern lassen, spricht Gott der HERR. Ich will das Verlorene wieder suchen und das Verirrte zurückbringen und das Verwundete verbinden und das Schwache stärken und, was fett und stark ist, behüten; ich will sie weiden, wie es recht ist.
Ja, ihr sollt meine Herde sein, die Herde meiner Weide, und ich will euer Gott sein, spricht Gott der HERR.

Der Sonntagsname Misericordias Domini heißt: Die Barmherzigkeit Gottes. Am Karfreitag haben es Menschen fertig gebracht, Gott umzubringen. Aber Ostern kehrt das um: Christus lebt, und die Menschen sind vom Tode gekennzeichnet. Karfreitag ist es weithin in unserem Land: Gott ist beseitigt. Aber er lebt und hat Erbarmen mit uns. Er will sich unser annehmen wie ein Hirt mit seiner Herde umgeht.

Gott will sich seiner Herde selbst annehmen.

1.

Da sollen wir zunächst vom **Versagen der eigentlich bestellten Hirten** hören. Hesekiel soll gegen die Hirten Israels weissagen. Gottes Wort schlägt zu. Die Priester und Könige waren Vorgesetzte des Volkes. Aber sie sahen ihre Stellung nicht als Volksdienst an, sondern als Gelegenheit, den eigenen Interessen zu leben. Sie suchten ihren eigenen Vorteil und bedrückten das Volk, legten Lasten auf statt zu entlasten. Sie waren weit davon entfernt, dass Regieren Fürsorge für das Volk bedeutet.

Wir haben das auch heute zu hören. Es gibt Typen wie bin Laden und den Koreaner Kim, wie Mugabe in Simbabwe, und andere kommen und gehen in der Geschichte. Aber es ist auch die Anfrage an viele Berufe unter uns, an Manager und Milliardäre, an die schamlosen Aufkäufer der ehemals volkseigenen Betriebe in den östlichen Bundesländern. Aber wir müssen uns selbst gefragt sein lassen in sozialen Berufen, und nicht zuletzt als Pfarrer. Selbstzufriedene und faule Hirten in der Kirche? Solche, die eigene Ansichten verbreiten und sich nicht dem Wort Gottes verpflichtet wissen? Und selbst als Eltern, Partner, Nachbarn und Gemeindeglieder sind wir gefragt, wie hoch denn in unserer Fürsorge die uns Anvertrauten stehen?

Gott will dem Missbrauch ein Ende setzen, „dass Hirten sich selbst weiden". Er lässt es sich nicht fortlaufend gefallen im Blick auf seine geringen Schwestern und Brüder. Er zieht seine Hand ab, und unser Reden, Beten, Singen wird leer. Gott fordert seine Herde von unseren Händen. Er droht zu strafen und tut es auch. Darum sollen wir uns fürchten vor seinem Zorn. Gott ist drauf und dran, seine rechten Kinder zu bewahren – vor uns!

2.

Was Gott nun zu tun gedenkt. Die Dinge sollen nun nicht mehr nach ihrer eigenen Gesetzmäßigkeit ablaufen. Gott greift ein, dass sein Osterwille auf Erden geschehe. Das kann ein strafendes oder auch ein rettendes Tun sein. Zehnmal und mehr sagt Gott hier durch Hesekiel: „ICH will…" Er macht deutlich, dass er nicht angewiesen ist auf die derzeitigen Machthaber, dass er sich nicht auf Menschen stützen muss. Er setzt selbst neue Anfänge und nimmt das Weiden und Hüten seines Volkes in die eigenen Hände. Die Geschichte des Volkes Israel kurz darauf und das Ende der Verbannung zeigen das. Die versprengten Israeliten wurden wieder zusammengeholt, soweit sie Gottes Rufen folgten. Auch wir Christen haben dort einen Sammelpunkt, wo Jesus sagt: „Kommt her zu mir alle, die ihr mühselig und beladen seid! Ich will euch erquicken." So gab es damals nach der babylonischen Gefangenschaft eine Rückkehr in das zerstörte Jerusalem, einen Wiederaufbau nicht nur der Wohnhäuser, sondern auch des Tempels. Neue Zuversicht hat Gott in die Herzen gegeben. „Ich will sie auf die beste Weide führen" – das heißt, Gott sorgt für neue Möglichkeiten des Auskommens und Einkommens, der Ruhe und des Friedens. Das ist mit dem „Lagern auf guten Auen" gemeint.

Wenn Gott hier sagt, er wolle sich seiner Herde selbst annehmen, dann erkennen wir heute, wie Jesus Christus das ja alles getan hat, auch wenn hier steht: „Ich will das Verlorene wieder suchen". Alle, die an Christus glauben, sollen nicht verloren sein, sondern das ewige Leben haben. Darum bietet Jesus den Glauben an und lädt zu sich ein. Das Verirrte will er wiederbringen. Mancher von uns hat den Gottesglauben seiner Jugendzeit aufgegeben, aber auch in anderen Weltanschauungen nicht das Heil gefunden. Jeder kann zurück zu seiner Taufe, er kann wie Thomas zurückfinden zum guten Hirten. Verwundetes will er verbinden: Das ist das weite Gebiet der Diakonie. Aber auch der seelischen Wunden nimmt sich Christus an, der vielen Enttäuschten, Verbitterten, Gedemütigten, Vergewaltigten, Beschämten und Vergessenen. Das Schwache will er stärken: Keiner halte sich für hoffnungslos ungläubig! Der Herr wird selbst den glimmenden Docht nicht auslöschen, sondern entfachen. Auch die Gemeinde der so Gestärkten will er behüten: „Ich will sie weiden, wie es recht ist".
Bedenken wir es heute: Ja, es gibt eine Flut von Stimmen und Angeboten. Wie sollen wir uns entscheiden? Das ist eine große Gefahr, zu zögern. Hören wir es, wenn Jesus sagt: Meine Schafe hören MEINE Stimme!

Der Sonntag von der Barmherzigkeit Gottes – Gott ist beim armen Herzen! Ist bei uns Trauer und Schmerz – Gott ist beim armen Herzen! Ist es verzweifelt über Schuld und Versagen – Gott ist beim armen Herzen! Geht es durch tiefe Nacht von Schwermut und Einsamkeit – Gott ist beim armen Herzen! Ist es gebrochen durch Unglück und Verlust – Gott ist beim armen Herzen! Krampft sich das Herz beim Sterben zusammen – Gott ist beim armen Herzen! Das ist auch Ostersieg: Gott nimmt unsere Erbärmlichkeit und schenkt uns sein Erbarmen.

HERR, du guter Hirte, dein Wille geschehe wie im Himmel so auf Erden! Du willst alles gut machen und hast mit der Auferstehung deines Sohnes den Anfang gesetzt. Nimm du die Führung deiner Kirche fest in die Hände, und lass uns darauf vertrauen und Dir folgen! Amen.

Apostelgeschichte 1, 3 – 11 zu Christi Himmelfahrt

Jesus zeigte sich den Aposteln nach seinem Leiden durch viele Beweise als der Lebendige und ließ sich sehen unter ihnen vierzig Tage lang und redete mit ihnen vom Reich Gottes. Und als er mit ihnen zusammen war, befahl er ihnen, Jerusalem nicht zu verlassen, sondern zu warten auf die Verheißung des Vaters, die ihr, so sprach er, von mir gehört habt; denn Johannes hat mit Wasser getauft, ihr aber sollt mit dem heiligen Geist getauft werden nicht lange nach diesen Tagen.

Die nun zusammengekommen waren, fragten ihn und sprachen: Herr, wirst du in dieser Zeit wieder aufrichten das Reich für Israel? Er aber sprach zu ihnen: Es gebührt euch nicht, Zeit oder Stunde zu wissen, die der Vater in seiner Macht bestimmt hat; aber ihr werdet die Kraft des heiligen Geistes empfangen, der auf euch kommen wird, und werdet meine Zeugen sein in Jerusalem und in ganz Judäa und Samarien und bis an das Ende der Erde.

Und als er das gesagt hatte, wurde er zusehends aufgehoben, und eine Wolke nahm ihn auf vor ihren Augen weg. Und als sie ihm nachsahen, wie er gen Himmel fuhr, siehe, da standen bei ihnen zwei Männer in weißen Gewändern. Die sagten: Ihr Männer von Galiläa, was steht ihr da und seht zum Himmel? Dieser Jesus, der von euch weg gen Himmel aufgenommen wurde, wird so wiederkommen, wie ihr ihn habt gen Himmel fahren sehen.

Martin Luther hat gesagt, die Himmelfahrt Christi sei keine räumliche Bewegung von einem Ort zum anderen in diesem Weltall. Kindergedanken nannte er das. Die Vorstellung von einem wunderschönen goldenen Palast hinter dem Sternenzelt nannte er einen Gaukelhimmel. Wenn solche Gedanken also falsch sind, welche Vorstellung ist dann richtig? Es ist von Christi Auferstehung auszugehen. Er kehrte nicht in irdisches Leben zurück wie Lazarus und die Jairustochter. Die sind eines Tages dann doch gestorben. Nicht so Christus. Er hat den Tod für immer hinter sich. Er ist in das Leben Gottes auferstanden. Das ist eine vom Erdenleben völlig unabhängige Dimension. Christi Leib ist nun ein verherrlichter Leib, sagt die Schrift (Phil.3, 21). Er ist nicht mehr an Raum und Zeit gebunden. Darum kann er immer bei uns sein. Er ist und bleibt dabei Gottes und Marien Sohn. Als solcher ist er zur „Rechten des Vaters" erhöht, das heißt: Ihm gleich, eines Wesens mit ihm. So kommt es, dass er auch im Heiligen Abendmahl rund um den Erdball seinen wahren Leib im Brot und sein wahres Blut im Wein reichen kann. Mit der Auferstehung ist Jesus alle Gewalt im Himmel und auf Erden gegeben. Gewiss ist das alles für uns noch geheimnisvoll, aber wir sind berufen, IHM zu vertrauen.

Der auferstandene Christus ist seinen Jüngern noch eine Zeitlang erschienen. 1. Korintherbrief 15 am Anfang zählt Paulus das auf. Der Herr wird vorübergehend noch einmal sichtbar, damit die Apostel es als Augenzeugen bezeugen können: „Er ist wahrhaftig auferstanden!“ Er kommt und geht, Türen braucht er nicht; und einmal hat das aufgehört, nach vierzig Tagen. Himmelfahrt war die letzte der österlichen Erscheinungen. Fortan ist er in der für uns unsichtbaren Gegenwart Gottes, solange die Erde stehen wird. Die verbergende Wolke kennen wir aus der Bibel seit der Gesetzgebung am Sinai, seit dem Wüstenzug Israels, seit dem Tempelbau in Jerusalem.

Nun beginnt die Zeit der Kirche. Von ihr gilt: „Ihr werdet die Kraft des heiligen Geistes empfangen, der auf euch kommen wird, und werdet meine Zeugen sein…“ Die spürbare Nähe des Herrn ist da, wie er zu Thomas sagte: „Selig sind, die nicht sehen und doch glauben.“ Nun suchen die Christen ihren Herrn in seinem Wort und in den gestifteten Sakramenten der Taufe und des Abendmahls. Diese überbringen den Heiligen Geist. Himmelfahrt zeigt: „Jesus Christus herrscht als König, alles ist ihm untertänig; ehret, liebet, lobet ihn!“ Dem Erhöhten nachzusehen, bringt nichts. Die beiden Engel richten den Blick anderswohin, nämlich auf ihre Zeugenaufgabe und das Ende der Zeit. Wie er heute gegangen ist, so wird er einst wiederkommen, nämlich „in einer Wolke mit großer Kraft und Herrlichkeit“ (Luk.21,27), um es in unserer irdischen Sprache auszudrücken. Auch Matthäus überliefert ein Jesuswort: „Von nun an werdet ihr sehen den Menschensohn sitzen zur Rechten der Kraft und kommen auf den Wolken des Himmels“ (Matth.26,64). Auch Jesu Feinde werden ihn sehen am „Jüngsten Tag“, dem kein weiterer folgen wird.

So weist Himmelfahrt auch über die Zeit der Kirche hinaus. Da wird es wieder ein Sehen geben, freilich ganz anderer Art. Alle auf einmal werden dann den Herrn sehen dürfen oder sehen müssen. Das Glauben und das Nichtglauben werden zum Schauen werden. Seine gesammelte Gemeinde wird Christus „heimbringen von den vier Winden in das Reich, das er ihr bereitet hat“, wie es in einem uralten Gebet heißt. Denn er wird kommen, zu richten die Lebenden und die Toten.

Es ist so gut und hilfreich, dass wir unseren Katechismus haben. Der prägt es uns ein: Aus eigener Vernunft und Kraft kann ich nicht an Jesus Christus, meinen Herrn, glauben oder zu ihm kommen, sondern der Heilige Geist beruft und sammelt die ganze Christenheit auf Erden, erleuchtet und heiligt sie im rechten einigen Glauben. Darauf wollen wir uns freuen, abermals am bevorstehenden heiligen Pfingstfest. Amen.

4. Mose 11, 11 - 12. 14 - 17. 24 - 25 zum Pfingstfest

Und Mose sprach zu dem HERRN: Warum bekümmerst du deinen Knecht? Und warum finde ich keine Gnade vor deinen Augen, dass du die Last dieses ganzen Volks auf mich legst? Hab ich denn all das Volk empfangen oder geboren, dass du zu mir sagen könntest: Trag es in deinen Armen, wie eine Amme ein Kind trägt, in das Land, das du ihren Vätern zugeschworen hast?
Ich vermag all das Volk nicht allein zu tragen, denn es ist mir zu schwer. Willst du aber doch so mit mir tun, so töte mich lieber, wenn anders ich Gnade vor deinen Augen gefunden habe, damit ich nicht mein Unglück sehen muss. Und der HERR sprach zu Mose: Sammle mir siebzig Männer unter den Ältesten Israels, von denen du weißt, dass sie Älteste im Volk und seine Amtleute sind, und bringe sie vor die Stiftshütte und stelle sie dort vor dich, so will ich hernieder kommen und dort mit dir reden und von deinem Geist, der auf dir ist, nehmen und auf sie legen, damit sie mit dir die Last des Volks tragen und du nicht allein tragen musst.
Und Mose ging heraus und sagte dem Volk die Worte des HERRN und versammelte siebzig Männer aus den Ältesten des Volks und stellte sie rings um die Stiftshütte. Da kam der HERR hernieder in der Wolke und redete mit ihm und nahm von dem Geist, der auf ihm war, und legte ihn auf die siebzig Ältesten. Und als der Geist auf ihnen ruhte, gerieten sie in Verzückung wie Propheten und hörten nicht auf.

Wenn einem die Leute auf den Geist gehen.

Mose hat es nun satt. Der Anfang und der Auszug seiner Gemeinde waren so wunderbar, froh und frei machend. Inzwischen aber ging es sehr menschlich zu. Andauernd gab es Reibereien unter den Leuten, Hunger und Durst machten verdrossen, gegen Mose und damit auch gegen Gott wurde gemurrt, alle Pläne und Anweisungen wurden kritisiert oder gar nicht befolgt. Mose hat es satt.
Er wendet sich an Gott. Höflich ist er dabei nicht. Warum bekümmerst du deinen Knecht? Du bist doch zuständig! Du hast versprochen, unseren Zug zu leiten. Und nun? Alles liegt auf mir! Dein Wohlwollen scheine ich nicht zu haben. Du lässt mich dieses Volk führen, das mich aber keineswegs auf Händen trägt. Im Gegenteil! Mir halsen sie alles auf. Ich bin doch nicht Vater und Mutter für sie! Wer hat sie denn geboren und zu seinen Kindern gemacht? Das warst doch du! Und ich soll nun die Amme sein, die Kinderfrau, dein Volk wie kleine Kinder rufen, mahnen, auf den Schoß nehmen, die Nase putzen? Ich habe es satt. Es ist mir zu schwer!

Es geht mancher Mutter so, manchem Vater. Aber ebenso Lehrern, Meistern, Betriebsleitern, Politikern: Es satt haben und am liebsten alles hinwerfen wollen! Wo starke Belastung auf einzelne trifft, dort bricht eine Gemeinschaft leicht. Die allein erziehenden Mütter, die es heute besonders häufig gibt, haben es so schwer, nun gute Erzieherinnen zu sein, geduldig, konsequent, ehrlich und dabei auch noch stark und fröhlich! Bei Mose geht das soweit, dass er geradezu um den Gnadenstoß bittet, ausgelöscht sein möchte. Lebensfrust und den Tod als Gnade erwarten – so weit kann es bei einem frommen Gottesmann kommen! „Töte mich lieber, damit ich nicht mein Unglück sehen muss!"

Man kann nicht Pfingsten feiern, ohne der weit verbreiteten Verzweiflung ins Auge zu schauen. Wenn wir um Gottes Heiligen Geist bitten, dann eben auch in solche Situationen hinein. Dorthin, wo man seine geistliche Armut spürt und geneigt ist, sogar Gott Vorwürfe zu machen.
Aber die Leute machten es auch Mose unerträglich schwer. Immer sind Kinder, aber auch ältere Leute schnell dabei, sich zu beschweren, zu bocken, sich quer zu stellen gegenüber denen „da oben". Für viele Jugendliche sind dort die Alten, die Feinde, die Bullen, die Pauker. Und von der anderen Seite heißt es: Die unerträglichen Jugendlichen!

Bedenkt doch, dass „da oben" schließlich nur eine oder einer ist, die oder der mit allen Anliegen der Kritik ausgesetzt ist und selten Dank erfährt! Das kann ein Regierungschef, ein Bürgermeister, eine Schulleiterin oder auch ein Bischof sein. Wer fragt danach, wie es in ihnen aussieht? Wer betet ständig für sie? Und wenn es diese nicht sind, wer achtet seine Eltern und ihre Lasten? Immer etwas fordern und beanspruchen und damit anderen das Leben sauer machen? Das ist unüberlegt!

Seht, Mose hatte noch jemand über sich, wo er sich beschweren kann. Gott lässt sich auch Klagegebete gefallen. Max Frisch sagte einmal in ähnlicher Situation: Ich habe nur meinen Hund! Mose spricht ungehemmt mit Gott wie mit einem Freund. Allen Regungen lässt er freien Lauf. Das dürfen auch wir! Warum tust du es nicht? Gott ist dir zu fremd? Wann wird er dir endlich ein vertrauter Bekannter? Am Heiligen Geist liegt es. Der ist es, der unsichtbar in unseren Herzen aus- und eingehen will. Er ist die lebendige Verbindung mit Gott, in der auch Mose lebte. Und wie bekommen wir den Geist Gottes? Da sollten wir im achten Kapitel des Römerbriefes lesen, wie das Evangelium uns aufrichtet und die Gnadenmittel, die Sakramente uns stärken.

Gott entlastet uns, aber nicht so, dass wir in einen Ruhestand versetzt werden. Er hat uns Vernunft und Überlegung gegeben. Er zeigt uns, wie Lasten auf mehrere Schultern verteilt werden können.

Er macht auch andere willig, indem er seinen Geist mit seinem Wort weitergibt. Dabei sucht er durchaus auch bewährte und willige Leute aus. Gott stellt den Vertrauensvorschuss, den andere in der Familie und im Volk haben, in seinen Dienst.

Um das Offenbarungszelt werden sie versammelt. Die Gemeinde vor Gott ist der Ausgangspunkt. Wer autonomer Christ sein will, gläubig für sich allein, ohne Gottesdienst auskommen will, kann sich jedenfalls nicht auf die Bibel berufen. Im Gottesdienst redet hier Gott zu Mose, nicht zu den siebzig. Und von Moses Geist nimmt er und gibt den siebzig. Das heißt für uns übersetzt: Gott spricht nicht direkt zu uns, sondern über die Heilige Schrift. Da gibt er uns von demselben Heiligen Geist, den er Mose, den Propheten und Aposteln gegeben hat.

Und auch das ist wichtig: Heiligen Geist braucht man, um Lasten zu ertragen. Dann stärkt das Gebet: „Ich bin ja doch dein liebes Kind trotz Teufel, Welt und aller Sünd!" Gottes Geist ist wie ein Feuer, das um sich greift, doch nicht verheerend, sondern beherrscht. Die siebzig Leute vor der Stiftshütte brachen in Verzückung aus, als nun „der Geist sich auf sie setzte". Die Seele kann überfließen, ob in Verzweiflung oder in Begeisterung. Solche Erscheinungen sind vorübergehend. Zur Bedingung oder Methode darf man sie nicht machen.

Nun gehen dem Mose die Leute nicht mehr auf den Geist. Nun hat er tüchtige Helfer. Freuen auch wir uns, dass unser Gott entlastet, Wege weiß aus der Not. Hast du schon gemerkt, wo er auch dich in Dienst nehmen will, damit nicht alles auf einzelnen in deiner Gemeinde lastet? Gott will unser Gott sein, seiner Kirche und jeder einzelnen Christin und jedes Christen. Das feiern wir zu Pfingsten: Gott teilt seinen Heiligen Geist an uns aus.

Erhöhter Herr und Heiland! Als einen zuverlässigen Führer gibst du uns deinen Heiligen Geist, der täglich tröstend, strafend, lehrend zu uns redet. Wecke uns das Ohr, dass wir ihn hören. Regiere unsere Gedanken, dass wir ihm gehorchen. In der Ungewissheit leite er uns, in der Verzagtheit stärke er uns, in der Widersetzlichkeit gegen deinen Willen beuge er uns! Amen.

Jesaja 6, 1 - 13 zum Sonntag Trinitatis

In dem Jahr, als der König Usija starb, sah ich den Herrn sitzen auf einem hohen und erhabenen Thron und sein Saum füllte den Tempel. Seraphim standen über ihm; ein jeder hatte sechs Flügel: Mit zweien deckten sie ihr Antlitz, mit zweien deckten sie ihre Füße und mit zweien flogen sie. Und einer rief zum andern und sprach: Heilig, heilig, heilig ist der HERR Zebaoth, alle Lande sind seiner Ehre voll! Und die Schwellen bebten von der Stimme ihres Rufens und das Haus ward voll Rauch. Da sprach ich: Weh mir, ich vergehe! Denn ich bin unreiner Lippen und wohne unter einem Volk von unreinen Lippen; denn ich habe den König, den HERRN Zebaoth, gesehen mit meinen Augen. Da flog einer der Seraphim zu mir und hatte eine glühende Kohle in der Hand, die er mit der Zange vom Altar nahm, und rührte meinen Mund an und sprach: Siehe, hiermit sind deine Lippen berührt, dass deine Schuld von dir genommen werde und deine Sünde gesühnt sei.

Und ich hörte die Stimme des Herrn, wie er sprach: Wen soll ich senden? Wer will unser Bote sein? Ich aber sprach: Hier bin ich, sende mich! Und er sprach: Geh hin und sprich zu diesem Volk: Höret und verstehet's nicht; sehet und merket's nicht! Verstocke das Herz dieses Volks und lass ihre Ohren taub sein und ihre Augen blind, dass sie nicht sehen mit ihren Augen noch hören mit ihren Ohren noch verstehen mit ihrem Herzen und sich nicht bekehren und genesen.

Ich aber sprach: Herr, wie lange? Er sprach: Bis die Städte wüst werden, ohne Einwohner, und die Häuser ohne Menschen und das Feld ganz wüst daliegt. Denn der HERR wird die Menschen weit wegtun, sodass das Land sehr verlassen sein wird. Auch wenn nur der zehnte Teil darin bleibt, so wird es abermals verheert werden, doch wie bei einer Eiche und Linde, von denen beim Fällen noch ein Stumpf bleibt. Ein heiliger Same wird solcher Stumpf sein.

Für die meisten unserer Mitmenschen bedeutet Gott nichts. Sie halten ihn für eine Religionsfigur von früher. Vielleicht sagen sie noch dann und wann: Der alte Herr dort oben! Wie konnte das geschehen? Wir waren doch noch vor hundert Jahren ein christliches Volk. Oder war da schon vieles nur eine Fassade? Hat sich etwa schon diese Verstockung ereignet, von der hier Gott spricht: „Verstocke das Herz dieses Volks und lass ihre Ohren taub sein und ihre Augen blind!“ Wohlgemerkt: Die Ohren können gut hören, mittels Handy an jedem Ort und weltweit. Die Augen können mittels Mikroskop und Teleskop bis ins Kleinste und bis ins weite Weltall sehen. Aber das verhindert die Gottesfinsternis nicht. Bismarck soll gesagt haben: Wir Deutsche fürchten Gott, sonst nichts in der Welt. Ist es heute umgekehrt: Wir Deutsche fürchten sehr viel in unserer Welt, aber Gott nicht?

Aber was oder wer sollte denn schon der rechte Gott sein? Waren Götter nicht immer Produkt menschlicher Vorstellungen? Bieten nicht die unzähligen Religionen der Menschheitsgeschichte Verschiedenes an? Man sollte nicht auf Menschen hören, was sie meinen und glauben. Der wahre Herr und Gott bezeugt sich selbst. So hat es Jesaja erlebt und es hat ihn zutiefst betroffen gemacht.

Wenn wir Gott begegnen, nein, richtiger gesagt, wenn Gott uns begegnet, dann versetzt uns das nicht in eine Hochstimmung. Wir werden uns vielmehr des Abstandes bewusst. Er ist der Allmächtige, vor dem auch Engel Angesicht und Blöße bedecken. Hier steht es klar: Man kann sich vor Gott nicht sehen lassen. Vor ihm fällt unser Dasein zusammen wie ein Kartenhaus. Jesaja ist wie vom Blitz getroffen: „Weh mir, ich vergehe! Denn ich bin unreiner Lippen und wohne unter einem Volk von unreinen Lippen; denn ich habe den König, den HERRN Zebaoth, gesehen mit meinen Augen." Es war ja nur der Saum seines Gewandes, also ein Bruchteil, weit weg vom Angesicht Gottes. So furchtbar erschrak der Mann, der einer der großen Propheten werden sollte.

Wie kommen wir Christen dazu, diesen Herrn des Alls – denn „Zebaoth" sind Heerscharen, wohl der Engel und der Gestirne – in unserem Glaubensbekenntnis „Vater" zu nennen? Wie dürfen wir das Singen der Engel, das dreimal Heilig in die Liturgie unseres Abendmahls aufnehmen?
Wir tun das eben nicht aus persönlicher Frömmigkeit, nicht aus Ehrerbietung vor dem allmächtigen Schöpfer, auch nicht aus Demut. Denn auch das alles kann vor Gott nicht bestehen. Es hat vielmehr mit Entsühnung der Lippen zu tun. Dem Jesaja war wirklich schlagartig das ganze menschliche Elend deutlich geworden. Was für ein Wunder der Barmherzigkeit ist für ihn die glühende Kohle des Serafen gewesen! Unsere Lippen werden im Abendmahl von Christi Leib und Blut berührt.

Warum kam der, starb leibhaftig, vergoss sein Blut, gab sich ins Grab? Das war Gottes Antwort auf den Todesschrecken von Menschen wie Jesaja. Er tat es nicht als Beschwichtigung. In der Tat: Dir kann nur eine große Selbstaufopferung Gottes noch helfen. Was hülfe uns ein Gottesglaube ohne Christus? „Du glaubst, dass nur einer Gott ist? Du tust recht daran; die Teufel glauben's auch und zittern " (Jak.2,19). Nur als Entsühnte und Entschuldete treten wir mit dem Dreimalheilig vor den Altar.

Aber wir heben nicht ab, sondern bleiben in unserer irdischen Welt. Gott braucht dort Boten. Auch Jesaja sagte dann: „Hier bin ich, sende mich!" Die Aufgabe wäre viel zu schwer, wäre nicht Gottes Geist mit ihm. Denn sein Dienst für Gott sollte keineswegs lauter Lobpreis sein. Es geht in eine verstockte Welt. Das Wort bewirkt auch Ablehnung und bestätigt so Gottes Gericht. Jesus sagte zu den Aposteln: „Wie mich mein Vater gesandt hat, so sende ich euch…“ Sie müssen damit rechnen, ebenso wie ihr Meister abgelehnt zu werden. Doch immer lässt Gott einen Lichtblick im Dunkel: Hier ist es das Bild vom Baumstumpf und vom heiligen Austrieb. Das ist kein stilles Guthaben, keine Weltreserve. Es ist ein Signal Gottes, dass es wieder grünen wird unter den Menschen. Ein pfingstliches Erwachen ist angesagt. Es kommt nicht aus uns. Was wären wir ohne Gottes Heiligen Geist?

Jesajas Berufung ist als Bibeltext für das Fest der Heiligen Dreieinigkeit bestimmt worden. Luther hat gesungen: „Fragst du, wer der ist? Er heißt *Jesus* Christ, der *Herr* Zebaoth, und ist kein andrer Gott…. Er ist bei uns wohl auf dem Plan mit seinem *Geist* und Gaben.“
Jeden Psalm beschließen wir mit den Worten: „Ehre sei dem Vater und dem Sohn und dem Heiligen Geist, wie es war im Anfang, jetzt und immerdar und von Ewigkeit zu Ewigkeit!.“

Wir singen und beten mit Martin Luther:
„Gott dreifaltig steh uns bei und lass uns nicht verderben, mach uns aller Sünden frei und helf uns selig sterben. Vor dem Teufel uns bewahr, halt uns bei festem Glauben und auf dich lass uns bauen, aus Herzensgrund vertrauen, dir uns lassen ganz und gar, mit allen rechten Christen entfliehen Teufels Listen, mit Waffen Gotts uns fristen. Amen, Amen, das sei wahr, so singen wir Halleluja.“
Amen.

1. Korintherbrief 1, 18 – 25 zum 5. Sonntag nach Trinitatis

Denn das Wort vom Kreuz ist eine Torheit denen, die verloren werden; uns aber, die wir selig werden, ist's eine Gotteskraft. Denn es steht geschrieben (Jesaja 29,14): »Ich will zunichte machen die Weisheit der Weisen, und den Verstand der Verständigen will ich verwerfen.« Wo sind die Klugen? Wo sind die Schriftgelehrten? Wo sind die Weisen dieser Welt? Hat nicht Gott die Weisheit der Welt zur Torheit gemacht? Denn weil die Welt, umgeben von der Weisheit Gottes, Gott durch ihre Weisheit nicht erkannte, gefiel es Gott wohl, durch die Torheit der Predigt selig zu machen, die daran glauben. Denn die Juden fordern Zeichen und die Griechen fragen nach Weisheit, wir aber predigen den gekreuzigten Christus, den Juden ein Ärgernis und den Griechen eine Torheit; denen aber, die berufen sind, Juden und Griechen, predigen wir

Christus als Gottes Kraft und Gottes Weisheit. Denn die Torheit Gottes ist weiser, als die Menschen sind, und die Schwachheit Gottes ist stärker, als die Menschen sind.

In diesen Sommermonaten sind Schul- und Semesterferien. Manche haben einen ganzen Ausbildungsabschnitt hinter sich, Schulabschluss oder Abitur. Viel Wissen ist gesammelt worden, man hat es sich möglichst eingeprägt, hat das Denken geübt. Nun kann man sich einer Erholung hingeben, kann neue Kraft schöpfen für weitere Aufgaben. Hier hat Paulus von Gottes Kraft und Gottes Weisheit geschrieben. Ist ein Mensch weise, wenn er gute Zensuren vorweisen kann? Er ist vielleicht klug, ja, aber weise? Das ist noch etwas anderes.

Der Apostel schreibt: Wir predigen Christus als Gottes Kraft und Gottes Weisheit.

1.

Heute fragen viele: Ist das denn eine Kraft, wenn einer am Kreuz hängt? Wir ärgern uns daran nicht mehr, weil wir daran gewöhnt sind. Aber eigentlich war es doch ungeheuer anstößig: Ein Galgen – denn das war das Kreuz – mit einem Gehängten daran. Wie oft habe ich nach dem Kruzifix auf dem Altar der Magdalenenkapelle in Halle gesehen, wo ich meinen Dienst getan habe. Es war ein „schönes" Kreuz! Ich musste immer aufpassen, dass ich nicht vom Äußeren der Schnitzarbeit abgelenkt wurde. Aber ursprünglich war dies Christenzeichen als Altarbild ein Skandal, vor allem für die Juden, die überhaupt kein Gottesbild duldeten.

Wie soll das eine Kraft sein? Noch dazu eine Kraft Gottes? Denken wir uns einen getauften, gläubigen Christen – hingefällt auf sein Lager, querschnittsgelähmt und entstellt: Wie peinlich wären da große Worte! Oder an Särgen von Soldaten, die in der Fremde gefallen sind – wäre es nicht unpassend, von Gottes Kraft zu sprechen? Müsste es bei der Hinrichtung Jesu nicht auch so sein? Aber es ist recht gesehen ganz anders. Wir haben Sehnsucht nach Erweisen der Kraft Gottes. Wir wollen ja nicht nur mit unserem Glauben über Wasser bleiben und uns behaupten, sondern Gottes Sache auf dieser Welt soll fortschreiten und sich ausbreiten, die Anerkennung seiner Macht soll überall deutlich werden. Das brauchen wir.

Aber eben weil das nicht zu erkennen ist, kehren andere der Christenheit den Rücken. Napoleon war auf Welteroberung aus. Als man ihm sagte, Dampf getriebene Schiffe seien ein neues Mittel dafür, wies der Gewaltherrscher auf einen Zigarrenraucher hin und sagte spöttisch: „So ein bisschen

Dampf soll ein Kriegsschiff antreiben?“ Stolz und fehlendes Vertrauen in die unsichtbare Kraft des Wasserdampfes hinderten ihn daran, sich diese Energie nutzbar zu machen. So gehen Viele an Christus vorbei, erst recht an seinem Kreuz.

Das Bild vom Kreuz braucht das Wort vom Kreuz. Wir sollen sehen und auch hören: Das tat ich für dich! Wieso? Du bist so vergeblich und verloren vor deinem Gott, gemessen und gewogen an seinem Willen und Wollen. Aber Gott schuf Möglichkeit zur Abhilfe: Christus vertritt unsere Todverfallenheit und zugleich Gottes rettende Liebe gerade am Kreuz.

Auf vielen alten Altarbildern sieht man einen Kelch unter dem Kreuz. Er fängt das Blut des Herrn auf als einen Lebenstrank. Gottes Kraft ist viel umfassender als wir denken. Sie dient uns nicht nur für eine Tageswegstrecke, sondern ist Wende, Ziel und Zukunft unseres Lebens.

2.

Ist denn Christus als Gekreuzigter eine Weisheit? So fragen aus anderer Richtung die Gebildeten. Nehmen wir die Kunst, die Literatur, die Musik unserer Zeit in den Blick: Kaum noch biblische Themen. Und wenn, dann sind die Verfasser oft schmerzlich umgetrieben und angefochten damit. Sind wir Kirchenchristen etwa im Abseits oder sie? Alle Menschen sind gefragt: Was ist Weisheit? Sie umgibt uns in der Schöpfung in weithin staunenswerter Weise, aber auch in den Gesetzen und Geboten, die uns Menschen betreffen. Sie links liegen zu lassen, ist gefährlich, ja verantwortungslos. Aber leider sind wir so oft blind und erkennen Gottes Weisheit nicht.

Wirklich: Das Wort vom Kreuz ist törichte Behauptung. Es ist so ungeschützt, Missverständnissen ausgeliefert und verspottet. In einer Wachstube auf dem römischen Palatin, die man bei Ausgrabungen entdeckte, ist auf der Wand ein gekreuzigter Esel zu sehen, eingekratzt mit der Unterschrift: Alexamenos betet seinen Gott an. Der Spötter hielt das Christentum für eine Dummheit, eine Eselei. Auch heute tritt man weithin die Flucht nach vorn an: Es helfe kein Christusglaube, das sei unwiederbringlich vorbei. Vielmehr: Man müsse sich den Gegebenheiten und dem Geist der Zeit anpassen. Gespart muss werden an den Ausgaben, an den Bodenschätzen. Aber Einschränkungen dürfen auch nicht den Wohlstand beschränken. Andere sollen mal vorangehen auf neuen Wegen. Vielleicht folgen wir ihnen. Das ist heute Weisheit. Aber sie wird nicht viel helfen.

Nicht, dass wir über all das moralistisch erhaben sein wollen. Aber wir haben die Erfahrung, dass es gut ist, daran zu bleiben: Christus ist Gottes Weisheit. Er lehrt uns, über die elementaren Dinge des

Lebens hinauszukommen. Unsere Verantwortung für alles, was wir sind und tun, sollte uns deutlich sein. Wie Jesus ein Leben führte, das erfüllt war mit Helfen links und rechts und mit inniger Erwartung der Zukunft mit Gott, so sollten wir es auch halten. Jesus Christus hat die Macht, wieder zu versöhnen mit Gott und damit mit dem Sinn unseres Lebens. So wird Gott wieder mit uns und mit seiner Schöpfung vereint sein. Das eröffnet das wahre Gotteslob.

Viele junge Menschen tragen eine Kette mit einem Kreuz um den Hals. In der orthodoxen Kirche bekommen es Christenkinder zur Taufe, junge Männer, wenn sie als Matrosen oder Soldaten in die Welt ziehen. Das Kreuz und das Wort vom Kreuz – das ist Mitte des christlichen Glaubens. Wir sollen es nicht nur auf dem Herzen tragen, sondern vor allem beherzigen: Das war Auftrag des Herrn an seine Apostel: Zu predigen Christus als Gottes Kraft und Gottes Weisheit.

Herr, gib uns dein Wort so, dass es uns verwandelt, dass es uns nicht ärgert, wenn es uns trifft, dass ich es nicht überhöre, wenn du mit mir selber sprichst. Gib es uns so, dass es nicht erstickt, wenn die Sorgen und Ängste wieder kommen, dass wir es nicht fahren lassen, wenn es uns etwas kostet. Christus sei uns Kraft und Weisheit! Danke! Amen.

Lukas 9, 10 – 17 zum 7. Sonntag nach Trinitatis

Und die Apostel kamen zurück und erzählten Jesus, wie große Dinge sie getan hatten. Und er nahm sie zu sich, und er zog sich mit ihnen allein in die Stadt zurück, die heißt Betsaida. Als die Menge das merkte, zog sie ihm nach. Und er ließ sie zu sich und sprach zu ihnen vom Reich Gottes und machte gesund, die der Heilung bedurften. Aber der Tag fing an, sich zu neigen.
Da traten die Zwölf zu ihm und sprachen: Lass das Volk gehen, damit sie hingehen in die Dörfer und Höfe ringsum und Herberge und Essen finden; denn wir sind hier in der Wüste. Er aber sprach zu ihnen: Gebt ihr ihnen zu essen. Sie sprachen: Wir haben nicht mehr als fünf Brote und zwei Fische, es sei denn, dass wir hingehen sollen und für alle diese Leute Essen kaufen. Denn es waren etwa fünftausend Mann. Er sprach aber zu seinen Jüngern: Lasst sie sich setzen in Gruppen zu je fünfzig. Und sie taten das und ließen alle sich setzen.
Da nahm er die fünf Brote und zwei Fische und sah auf zum Himmel und dankte, brach sie und gab sie den Jüngern, damit sie dem Volk austeilten. Und sie aßen und wurden alle satt; und es wurde aufgesammelt, was sie an Brocken übrig ließen, zwölf Körbe voll.

Gut ist es, den Menschen nach Leib und Seele als Einheit wahrzunehmen. Ein rechter Arzt tut das. Ihm ist nicht nur das erkrankte Organ oder Glied wichtig, sondern auch das Gesamtbefinden des Patienten. Denn Leib und Seele stehen miteinander in Wechselbeziehung. Eine Not des Leibes drückt auch auf die Stimmung, macht Kummer, Sorge, Angst. Umgekehrt können Depressionen und psychische Leiden sich auf den Körper auswirken, auf den Magen etwa oder den Kreislauf. Wie sieht man sich im Krankenhaus angenommen, wenn Ärzte und Schwestern sich der ganzen Person zuwenden!

Das ist auch immer Jesu Art gewesen. Wir dürfen fest glauben, dass Er auch heute so zu uns steht. Da denkt er bei seinen Aposteln, dass sie nach anstrengender Tätigkeit Erholung nötig haben. Sie kommen aus der Begegnung mit vielen Menschen. Nun sollen sie mal mit ihm für sich sein, dort in Betsaida. Aber viel Ruhe gab es nicht, denn die Leute drängten nach. Das waren wohl auch gerade solche, die Hilfe erfahren hatten. Nun wollen sie mehr. Einige vielleicht Sensation aus Neugier, aber die meisten haben ein echtes Verlangen nach Jesus. Sie wollen hören, nach der Leibeshilfe etwas für die Seele haben. Wenn das doch auch bei uns so wäre nach überstandenen Operationen, nach günstigen Fügungen in Ausbildung und Beruf, nach einem schönen Urlaub oder einem frohen Erlebnis: Nun wieder damit hin zu unserem Herrn und Heiland! Jesus lässt die Leute zu sich. So ist Er. Es heißt nicht: Jetzt ist keine Sprechstunde! Er weist die Menge nicht ab. Er tut sein Werk wie eh und je: Wort und Tat. Er spricht „zu ihnen vom Reich Gottes und macht gesund, die der Heilung bedurften". Arzt für Seele und Leib.

Darüber war es Abend geworden. Die Zwölf müssen ihn darauf aufmerksam machen. Denn er ist ganz vertieft in sein Tun, merkt nicht, wie die Zeit vergeht. Aber er macht sich auch keine Sorgen, wie damals, als er im Schiff schlief. Doch nun sieht er sich wieder für die Sättigung des Leibes zuständig. Immer ist das im Sinne Gottes bis heute: Neben die Verkündigung des rettenden Evangeliums von der Liebe und Gnade Gottes in Christi Kommen tritt die Diakonie, die Nächstenliebe mit allen verfügbaren Mitteln und Methoden. Das sind zwei gleich wichtige Lebensäußerungen der Kirche.

Im Bericht von der nun folgenden Speisung der 5000 sind drei Dinge merkenswert:

1. Jesus sagt zu den Jüngern: „Gebt ihr ihnen zu essen!" Dabei ist das „ihr" im Griechischen noch besonders betont. Die Jünger sind nicht Zuschauer, sondern Beauftragte zur Austeilung, auch wenn nur wenig da ist. Diakonie darf nicht kapitulieren vor der kleinen Schar und geringen

Möglichkeiten. August Hermann Francke hatte vier Taler und ein paar Groschen und nannte das ein ehrlich Kapital, in Halle ein Waisenhaus in Angriff zu nehmen. Das Lagern in Gruppen macht die Menge überschaubar. Sie werden jeweils zu einer Gemeinschaft. Die Jünger werden zu Handlangern. Was Jesus segnet und teilt, geben sie weiter. „Es geht durch unsre Hände, kommt aber her von Gott." Gebt ihr ihnen zu essen!

2. Jesus nimmt Vorhandenes und schafft hier nicht aus dem Nichts. An die Gegebenheiten unsres Lebens und Habens knüpft er an, auch wenn es ganz wenig ist. Aber unter seinen Worten und Gebeten wird es genug. Es reicht überall hin. Wir denken unwillkürlich an das heilige Abendmahl. Lukas wohl auch. Denn das Aufsehen zum Himmel, Danken, Brechen und Weitergeben gehörte schon ganz früh zur Abendmahlsliturgie der Christen. Auch das Abendmahl reicht Sonntag für Sonntag für alle Getauften, die es begehren. Keiner braucht leer auszugehen. Jesus ist der Geber. Er gibt Anteil an sich, an seinem Leib und Blut, die die Opfergabe am Kreuz sind. Deshalb isst er selbst nicht mit. In allen Berichten von der Brotvermehrung ist das so und auch in allen Überlieferungen von der Einsetzung des Heiligen Abendmahls. Erst bei dem himmlischen Festmahl in Gottes Herrlichkeit wird er „vom Gewächs des Weinstocks trinken".

3. Die übrig gebliebenen Brocken werden gesammelt. Wenn es zwölf Körbe voll sind, dann haben Zahlen hier wie sonst oft auch ihre Bedeutung. Zwölf Apostel gab es, zwölf Stämme Israels, zwölf Tore des himmlischen Jerusalems. Was aber hier noch wichtiger ist: Mit Sorgfalt ging man um mit der Speise. Nicht aufkommen darf das Empfinden, hier sei doch ein großer Überfluss, auf das einzelne Stück Brot und Fisch käme es doch gar nicht mehr an, etwas Abfall sei ganz natürlich. Gottes Gaben sind in aller Fülle doch auch im Kleinen zu achten. Das sollte Programm sein für unser ganzes Leben. Es heißt dann aber auch: Sorgsam umgehen mit den Abendmahlsgaben! Der Herr gibt sie wohl in Fülle. Aber jede Krume und jeder Tropfen sind kostbar. Die Reste sind zu achten und alle ehrerbietig zu verzehren.

In den letzten Jahrzehnten hat das Abendmahl mehr Bedeutung gewonnen. Es gab zuvor eine Zeit, da meinte man, nur Karfreitag und Bußtag sei das Heilige Abendmahl zu empfangen. So hatte es einen eher düsteren Anschein. Heute wird es öfter gefeiert und empfangen, da und dort sogar allsonntäglich. Eine neu entdeckte Frömmigkeit ist damit verbunden: Christus selbst in unserer Gemeinde kehrt ein bei mir. Was er mir reicht, ist Gabe aus der Ewigkeit, Pharmakon athanasias – Unsterblichkeitsarznei, wie es bei dem Kirchenvater Ignatius (+ 110 n.Chr.) heißt. Aber es darf nicht zum schnell genommenen und schnell wieder vergessenen Imbiss werden, sondern in der Anbetung des Herrn soll es ein Festmahl bleiben. Amen.

1. Korintherbrief 3, 9 – 15 zum 12. Sonntag nach Trinitatis

Denn wir sind Gottes Mitarbeiter; ihr seid Gottes Ackerfeld und Gottes Bau. Ich nach Gottes Gnade, die mir gegeben ist, habe den Grund gelegt als ein weiser Baumeister; ein anderer baut darauf. Ein jeder aber sehe zu, wie er darauf baut. Einen andern Grund kann niemand legen als den, der gelegt ist, welcher ist Jesus Christus.
Wenn aber jemand auf den Grund baut Gold, Silber, Edelsteine, Holz, Heu, Stroh, so wird das Werk eines jeden offenbar werden. Der Tag des Gerichts wird's klarmachen; denn mit Feuer wird er sich offenbaren. Und von welcher Art eines jeden Werk ist, wird das Feuer erweisen. Wird jemandes Werk bleiben, das er darauf gebaut hat, so wird er Lohn empfangen. Wird aber jemandes Werk verbrennen, so wird er Schaden leiden; er selbst aber wird gerettet werden, doch so wie durchs Feuer hindurch.

Zeit vergeht. Sie kann nicht festgehalten werden. Wir leben auf der Erde nicht ewig. Zeit ist jedem gegeben, dass er damit etwas anfange, dass er sie nutze. Fast zwei Jahre ist Paulus in Korinth gewesen. Nach ihm kamen dann andere als christliche Reiseprediger. Apollos kam aus Alexandria, ein hochgebildeter Mann. Petrusschüler aus dem vorderen Orient kehrten ein. Es kam mit der Zeit zu Parteinahmen in der Gemeinde. Heute würde man sagen, es bildeten sich Fan-Gruppen. Die einen bevorzugten diesen, die anderen jenen Prediger. Ernste Spaltungen drohten. Paulus schreibt auch deswegen diesen Brief. Er bringt einen Vergleich:

Wir sind alle Mitarbeiter am Hausbau der Gemeinde:

Es geht um das <u>Fundament</u> und dann um den <u>Aufbau</u>.

1.

Wichtig ist für uns alle die rechte Gründung unserer Gemeinde. Christus selbst muss das Fundament sein. „Einen anderen Grund kann niemand legen." Warum? Weil Gott der Herr selbst sich das vorbehalten hat. Er hat den Grund gelegt! „Siehe, ich lege in Zion einen Grundstein, einen bewährten Stein, einen kostbaren Eckstein, der fest gegründet ist." (Jes.28,16). Schon im Alten

Testament wird das also angekündigt. Und nun kam Paulus als erster nach Korinth. Er hat dort „den Grund gelegt als ein weiser Baumeister". Es klingt warnend: Einen anderen Grund kann niemand legen. Doch, das gibt es doch ohne Zahl, dass Menschen sich, ihr Leben auf etwas anderes gründen, sich darauf stützen, sich damit behaupten und so ihre eigenen Prinzipien haben. Rings um uns ist das unter den Leuten so. Aber vor Gott gibt es kein anderes Fundament als Jesus Christus allein.

Als Petrus seine Sicht des Meisters so äußerte: „Du bist Christus, des lebendigen Gottes Sohn", da sagte Jesus zu ihm, den er ja schon immer Petrus, Fels genannt hatte: Auf diesen Felsen will ich meine Gemeinde bauen. Natürlich nicht auf einen Menschen, der wankelmütig sein kann, sondern auf das Petrusbekenntnis. Der Apostel Petrus war damit auch einer, der einen Grund legte, keinen anderen als den des Paulus. Unscheinbar ist das Fundament. Aber es trägt den ganzen Bau. Aber es ist nicht damit getan, dass man jetzt zu diesem Jesus „Herr" sagt. Das Fundament als Evangelium von Christus hat eine feste Gestalt. Paulus lässt nicht rütteln an dem, was er den Korinthern als Botschaft gebracht hatte. Woanders hat er geschrieben: „Auch wenn wir oder ein Engel vom Himmel euch ein Evangelium predigen würden, das anders ist, als wir es euch gepredigt haben, der sei verflucht." (Gal. 1,8) Die Kirche muss darum ein klares und deutliches Fundament haben.

2.

„Ein jeder sehe zu, wie er darauf baut!" Denn gebaut muss werden. Gemeinden müssen gesammelt werden, dann erst werden Gotteshäuser gebaut. Wenn man die unzähligen großen Kirchen, Dome, Kathedralen in Europa bedenkt: Was für Gemeinden standen da einmal dahinter, ja die gesamte Bevölkerung der Städte. Heute ist es in vielem anders bestellt um die Kirchen Christi. Aber auch wir dürfen nicht nach der Weise handeln, die Jesus im Gleichnis tadelte, dass anvertrautes Vermögen vergraben wird. Die Gaben, die Methoden, die Notwendigkeiten sind im Laufe der Zeit immer wieder verschieden. Das war in Korinth nicht anders als bei uns. Jeder wirke in seiner Gemeinde so gut er kann. Vielerlei kann über dem Fundament aufgebaut werden. Von Gold bis Stroh, schreibt der Apostel, also ganz Wertvolles bis Vergebliches und Kleinliches. Was es jeweils war, erkennen wir oft gar nicht. Diskutierabende hält dieser für richtig, Basare ein anderer. Zeitgemäß seien Autobahnkirchen meinen die einen, Hospizarbeit an den Sterbenden die anderen. Wie wird es vor Gott bestehen? In unserer Zeit wird nach dem Einsatz aller Kräfte für bestimmte Nöte der Welt gerufen: Umwelt, Hunger, Aids. Ist das nicht goldrichtig? Andererseits wird auf die spärlichen Erfolge der Verkündigung bei Konfirmanden gesehen. Sollte das nur leeres Stroh sein? Ein dritter denkt: Na, wenn man es doch nicht weiß, was herauskommt, dann brauche ich mich auch nicht groß anzustrengen. Wenn aber Faulheit unser Tun auf Sparflamme hält, wenn Lust- und

Freudlosigkeit sich ausbreiten, dann ist das bestimmt Stroh! Andererseits, goldene Medaillen will Gott denen auch nicht verleihen, die mit Stress und abgehetzt keine Ruhe kennen.

Beachten wir: Der Tag des Gerichts wird es klar machen. Man kommt nicht ungestraft durchs Leben – eine Weisheit, die auch Nichtchristen haben. Um im Bild des Apostels zu bleiben: Gold, Silber und Edelsteine werden wohl bleiben. Holz, Heu und Stroh werden verbrennen. Nichts ist es damit gewesen. Das heißt doch: In der Kirche sollen wir treiben, was Bestand hat für Gottes ewiges Reich. Von daher sollen wir planen und in Angriff nehmen. Das ist unpopulär. Gerade deshalb will Paulus uns ermahnen, auf den rechten Grund nun auch zum rechten Ziel zu bauen. Mehr Gottes Ewigkeit im Sinn haben, wenn wir mit den Kindern oder den Kranken und Alten zusammen sind. Auch in allem anderen, was wir in Christi Dienst tun: Menschen sollen gerettet sein, Gottes Zukunft ist ihnen lieb zu machen. Im Gottesdienst soll allen bewusst werden, dass wir an der himmlischen Liturgie teilnehmen. Es gilt, rechte Hoffnung unter uns zu verbreiten, nicht ein vages: Wollen mal sehen, was die Zeit mit sich bringen wird....

Jeder Getaufte ist auch zum Mitarbeiter Gottes am Hausbau der Gemeinde berufen. Wir sind aber verschiedene Menschen. Das ist ein Reichtum. In der Ewigkeit wird es heißen: Du bist über wenigem getreu gewesen, ich will dich über viel setzen. Anderen wird gesagt werden: Es ist leider nicht viel gewesen mit deinem Anteil am Hausbau, ja es war gar nichts damit. Doch kommen auch diese nicht in die Verdammnis, das heißt in die völlige Gottesferne, weil sie ja bei allem Misserfolg doch auf dem Grund geblieben sind, der gelegt ist, welcher Christus ist.

Herr Jesus Christus, gib, dass wir uns nicht an Menschen binden, sondern allein an dich. Du hast jedem deiner Diener auch besondere Gaben geschenkt. Sie alle aber haben die Aufgabe, nach der Einheit im Geist, in der Wahrheit und in der Liebe zu streben.
Hilf uns zur Demut, damit nicht Geltungssucht oder Zank unter uns herrschen. Bei offenen Fragen lass uns mit brennenden Herzen in deiner biblischen Offenbarung nach Antworten suchen.
Wehre dem Zeitgeist und der Verachtung der Heiligen Schrift. Bewahre uns vor denen, die auf verkehrtem Grund bauen und so deiner Gemeinde schaden.
Du tust Wunder. Du wirst das Werk, das du in uns angefangen hast, auch vollenden. Erbarm dich über uns. Amen.

Lukas 10, 17 – 20 zum Gedenktag Michaels und aller Engel

Die Zweiundsiebzig aber kamen zurück voll Freude und sprachen: Herr, auch die bösen Geister sind uns untertan in deinem Namen. Er sprach aber zu ihnen: Ich sah den Satan vom Himmel fallen wie einen Blitz.. Seht, ich habe euch Macht gegeben, zu treten auf Schlangen und Skorpione, und Macht über alle Gewalt des Feindes; und nichts wird euch schaden. Doch darüber freut euch nicht, dass euch die Geister untertan sind. Freut euch aber, dass eure Namen im Himmel geschrieben sind.

Die Engel kommen in den Predigten nicht oft vor. Wir nennen sie auch meist nur in den Morgen- und Abendliedern. An den großen Christusfesten haben sie ihre Stelle im Evangelium. Auch unser heutiger Gedenktag ist eigentlich ein bedeutendes Christusfest in der strahlend weißen Farbe am Altar. Weil die Engel unsichtbar und unanschaulich sind und hinter ihrem Dienst persönlich ganz zurücktreten, fragen sich viele, ob es sie überhaupt gibt. Doch die Heilige Schrift und damit Gottes Wort bezeugt sie.

Der Mensch hält sich ja gemeinhin für das intelligenteste und höchste Geschöpf. Als gäbe es nichts mehr über ihm. Allenfalls lässt er einen Gott, irgendein höchstes Wesen gelten. Vor diesem überheblichen Stolz sollten wir uns hüten. Ja, wir sind persönliche, weithin selbständige Wesen auf dieser Erde. Aber warum sollte Gott nicht im Schaffen von Persönlichkeiten über den Menschen hinausgehen? Er ist nicht einsam in seinem Himmel. Er ist der Herr der Heerscharen, der Herr Zebaoth, wie das Alte Testament ihn nennt. Vieltausendfach webt und lebt es um IHN her.

Auch in unserem Text nennt Lukas die Engel nicht. Und doch sind sie da. Denn sie sind die Widersacher des Satans. Der hat auch seine bösen Geister. „Michael“ heißt übersetzt: Wer ist wie Gott? Das ist ein drohender und kampfbereiter Name. Er drückt den Sieg des Herrn Christus aus. Davon wollen wir jetzt hören:

Die Macht des Bösen ist gebrochen!

1. Jesu Name ist wirksam in unserer Mitte

2. Unser Name ist unverlierbar in Gottes Herzen

1.

Jesus hatte 72 Jünger ausgesandt, um in Israel das zu tun, was auch sein Tagewerk war, das sie nun lange schon miterlebt hatten. Die Zahlen in der Bibel haben oft ihre Bedeutung. 72 ist 12 mal 6. Die 12 Apostel stehen für die 12 Stämme Israels. Sie werden für eine Zeit sechsfach verstärkt im Dienst des Evangeliums. Manche Abschreiber meinten, es seien siebzig Jünger gewesen, wie auch Mose sich siebzig Helfer für seinen Dienst erwählt hatte. Aber auf die Zahl kommt es uns nicht an.

Vielmehr ist bedeutsam, dass die ausgesandten Jünger überrascht und fröhlich zurückkehren. Es war ihnen und ist uns nicht selbstverständlich, was sie erreicht haben. Sie wussten ja auch sonst von ihrem Unvermögen und hatten es erlebt. Aber diesmal gelang ihnen, nein, dem Namen Jesu Christi gelang es: Die bösen Geister mussten ihm weichen. Das können Krankheiten gewesen sein, aber auch andere Gebundenheiten: Depressionen, Zwangsvorstellungen, Süchte, Ängste, Bosheiten. Jesus hatte in dieser Zeit immer wieder die Vision, dass der Satan blitzartig schnell vom Himmel fällt, das heißt, von dem Platz, da er uns vor Gott verklagt und auf unsere Sündhaftigkeit hinweist, ja unsere Bestrafung einfordert.

Überall, wo Menschen zum Glauben kommen, hat der Gegner verspielt. Mit jeder Predigt, jeder Fürbitte, jeder Taufe, jedem Abendmahl will Gott aus der Tyrannei des Bösen befreien. Es wird um uns gekämpft! Die Mächte Gottes kämpfen gegen die bösen Geister, die Dämonen. Wer das für Aberglauben oder mittelalterlichen Mystizismus hält, der mag Auswüchse im Blick haben, die es auch gibt. Aber die Sache selbst ist viel zu ernst, um sie abzutun. Der Name des Herrn ist ein tatsächlicher Schutz in Gefahren, ein Frieden in der Angst, eine Gegenkraft bei sich häufenden Schicksalsschlägen. Wie oft empfinden wir, dass es Schlag auf Schlag kommt und wir eingekreist sind. Es hat seinen Grund, dass der Herr uns im Vaterunser vor allem anderen beten heißt: „Geheiligt werde dein Name!" Und im Choral singen wir im Namen Gottes: „Weicht ihr Trauergeister, denn mein Freudenmeister Jesus tritt herein!"

Der Böse sieht uns gern traurig oder gar verzweifelt. Christus und seine Engel aber verhindern, dass er uns klein kriegt. Der Teufel operiert mit der Furcht, der Glaube gibt Mut. Der Böse hetzt aufeinander zu erbitterten Feindschaften, Christi Versöhnung aber schlägt Brücken. Dort wird mit Lüge und Verdrehung gearbeitet, Christi Engel verbreiten eine reine Atmosphäre. Der Teufel nährt die Selbstgerechtigkeit, Christus schafft gelassenen Abstand zu uns selbst, sagen zu können: Die Welt ist mir ein Lachen in ihrem großen Zorn. Der Böse macht krank, Christus heilt. Jesu Name ist wirksam in unserer Mitte.

2.

Doch kann man nicht Zuschauer dieses Kampfes sein, von einem Beobachtungsstand aus oder wie bei einem Film im Fernsehen. Man ist ja mitten darin. Das müssen wir uns bewusst machen. Um uns und sogar in uns spielt sich dieser Kampf ab. Wir sind beteiligt. Die bösen und die guten Geister sind unsichtbar. Das ist einerseits gefährlich, andererseits aber auch ermutigend. Den Sieg als Sieg zu erkennen, ist uns oft nicht gegeben. Wir erkennen ihn aus Gottes Wort. Erfolge können nicht abgemessen oder abgerechnet werden. Gott kennt sie!

Die Freude der Jünger hier, die zu ihrem Herrn zurückkommen, kann man nachempfinden. Wir haben alle gewiss schon Ähnliches auch erlebt. Aber diese Freude ist noch nicht die rechte, sagt Jesus. Die rechte Freude für uns ist diese, dass unsere Namen unverlierbar in Gottes Herzen sind! Keiner wird übersehen, der seinen Namen in der heiligen Taufe empfing. Wie wir etwas notieren, was wir keinesfalls vergessen wollen, so gebraucht Jesus hier das Bild vom Aufschreiben auch: Freut euch, dass eure Namen im Himmel geschrieben sind!

Diese Namen werden nicht verloren und vergessen, mögen auch unsere Grabsteine längst verwittert oder abgeräumt sein. Ob nun Licht oder Finsternis, Fortschritt oder Rückschritt in der Welt und in unserem Leben zu dominieren scheinen; Michael und seine Engel kämpfen gegen den Drachen. Unsere Sache ist das Bleiben an Christus, seiner Rede, seinen Sakramenten. In der Magdalenenkapelle zu Halle liegt seit Jahrzehnten ein Teppich am Altar, auf dem Drachenbilder eingewebt sind. Buchstäblich tritt man hier auf „Schlangen und Skorpione“ und soll ganz getrost sein.

Weil Christus vor Gott für uns spricht, nur deshalb kann der Verkläger nicht mehr gegen uns sprechen und fällt vom Himmel. Er hatte uns in der Hand, als wir Gottes Geboten nicht mehr den Vorrang einräumten. Oder er brachte uns in noble Distanz zu Gott, im Bewusstsein, doch anständig zu leben. Hauptsache für unseren versteckten Feind: Möglichst ohne Gott leben!

Christus aber annulliert das Schuldkonto und nimmt dem Verkläger den Ansatzpunkt. Unser Name ist seit der Taufe und jeder empfangenen Vergebung neu, nicht mehr der eines Vorbestraften. Die ganze alte Personalakte vor Gott ist weg. Unser Name ist neu eingetragen, steht nicht mehr auf der Liste der Vermissten, sondern in der Meldung derjenigen, die aus der Katastrophe errettet wurden. Unser Name ist unverlierbar in Gottes Herzen.

Heute ist der Gedenktag der Engel. Sie haben bis auf wenige Ausnahmen keine Rufnamen. Wir rufen sie ja auch nicht an. Das ist uns nicht geboten. Michael ist der Gottesstreiter, Gabriel der Engel der Verkündigung und Raphael der Wegbegleiter. Alle Engel weisen nicht auf sich hin, sondern von sich weg auf Bedeutendes, was Gott tut. Die Bibel sagt, dass Völker (Dan.10,20f), Gemeinden (Offb 2,1) und Menschenkinder (Matth 18,10) ihre Engel haben. Sie rufen unsere Namen und uns selbst vor Gottes Angesicht. Wir aber beten mit Luther: „Dein heiliger Engel sei mit mir, dass der böse Feind keine Macht an mir finde!" Amen.

Jeremia 29, 1. 4 – 7. 10 – 14 zum 21. Sonntag nach Trinitatis

Dies sind die Worte des Briefes, den der Prophet Jeremia von Jerusalem sandte an den Rest der Ältesten, die weggeführt waren, an die Priester und Propheten und an das ganze Volk, das Nebukadnezar von Jerusalem nach Babel weggeführt hatte So spricht der HERR Zebaoth, der Gott Israels, zu den Weggeführten, die ich von Jerusalem nach Babel habe wegführen lassen: Baut Häuser und wohnt darin; pflanzt Gärten und esst ihre Früchte; nehmt euch Frauen und zeugt Söhne und Töchter, nehmt für eure Söhne Frauen und gebt eure Töchter Männern, dass sie Söhne und Töchter gebären; mehrt euch dort, dass ihr nicht weniger werdet. Suchet der Stadt Bestes, dahin ich euch habe wegführen lassen, und betet für sie zum HERRN; denn wenn's ihr wohlgeht, so geht's auch euch wohl. Denn so spricht der HERR: Wenn für Babel siebzig Jahre voll sind, so will ich euch heimsuchen und will mein gnädiges Wort an euch erfüllen, dass ich euch wieder an diesen Ort bringe. Denn ich weiß wohl, was ich für Gedanken über euch habe, spricht der HERR: Gedanken des Friedens und nicht des Leides, dass ich euch gebe das Ende, des ihr wartet. Und ihr werdet mich anrufen und hingehen und mich bitten und ich will euch erhören. Ihr werdet mich suchen und finden; denn wenn ihr mich von ganzem Herzen suchen werdet, so will ich mich von euch finden lassen, spricht der HERR, und will eure Gefangenschaft wenden und euch sammeln aus allen Völkern und von allen Orten, wohin ich euch verstoßen habe, spricht der HERR, und will euch wieder an diesen Ort bringen, von wo ich euch habe wegführen lassen.

Der Bibelabschnitt aus dem Jeremiabuch ist diesmal ein Brief. Ein Brief ist aber stets in eine ganz bestimmte Situation hinein und an bestimmte Empfänger gerichtet. Insofern ginge uns persönlich dieser Jeremiabrief an die nach Babylon ausgesiedelten Juden gar nichts an. Aber es steht etwas

Grundsätzliches darin für alle, die an ihrem derzeitigen Zustand leiden. Gerade auch uns Christen spricht er an, die wir unser Leben auf Erden als eine Durchgangsstation ansehen. Da kann uns die Umgebung ungeduldig oder auch gleichgültig machen. Beides ist ein Irrweg. Darum gilt die Botschaft dieses Jeremiabriefes auch für das

Leben hier und heute.

1. Die Situation annehmen.

Die Exulanten waren aus ihrem Leben im Heimatland herausgerissen worden. Aneinander gefesselt ziehen sie in großen Kolonnen nach Osten. Ihre Herzen sind wie gelähmt. Sie haben Heimweh. Sie wollen doch nicht in einem unreinen Lande leben. Sie sind nun vom Tempelgottesdienst abgeschieden und kommen in Berührung mit fremden Gottheiten. Ihre Hoffnung ist, dass es nicht so bleibt. Gottes Macht müsste doch dem ein Ende setzen! Jeremia macht ihnen aber klar, dass alle Zeit Gottes Zeit ist. Darum ist auch die gegenwärtige Stunde anzunehmen und die Zeit sinnvoll zu füllen.

Babel und die babylonische Gefangenschaft werden kein kurzes Intermezzo sein. Es gilt auch für die deportierten Juden, dass sie nun Häuser bauen, Bäume und damit Gärten pflanzen, ihre Kinder verheiraten und auch noch die Enkel. An kommende Generationen ist zu denken, „damit ihr nicht weniger werdet“. Alle Zeit ist Gottes Zeit. Gefangenschaft ist nicht als ein Verhängnis nun „abzusitzen“. Für eine Gefängnisstrafe heute gilt das auch so. Da gilt es zu lernen und bestehende Fähigkeiten weiter auszubilden. Ein Krankenhausaufenthalt bringt Zeit zu Gesprächen mit dem Nachbarpatienten, die man sonst ja nicht hat. Oder man kann endlich mal ein berufliches Fachbuch lesen. Die Situation annehmen, so wie sie nun einmal ist, heißt nicht untätig sein.

Auch Gottes Gemeinde hat ihren Ort in der Welt und in der Zeit. Berührungsängste sind aufzugeben. Gott ist der Herr über Babylon oder über die DDR und die Bundesrepublik. Wir dürfen keine Saboteure der weltlichen Ordnung sein, werden aber bei Jeremia auch nicht aufgefordert, uns mit den Nichtchristen zu vermischen, fremde Bräuche und Ansichten zu übernehmen. Wir haben von Gott besondere Gaben seines Heiligen Geistes mitbekommen und bringen sie in den Alltag ein.

2. Ein Gebet machen aus dem Leben hier und heute.

Suchet der Stadt Bestes – gemeint ist Babylon! – und betet für sie zum HERRN, dem Gott Israels! Nicht immer dem jeweiligen Zeitgeist huldigen. Das ist ganz aktuell für uns im 21. Jahrhundert, in dem die Globalisierung auf allen Gebieten ansteht. Es soll unserem Land, unserem Ort, unserer Nachbarschaft wohlgehen. Was der Stadt „Bestes“ ist, muss nicht immer mit der gängigen

Meinung übereinstimmen. Das wissen wir getrost in Gottes Willen und Händen. Darum gehört zum Beten auch das Hören auf Gottes Wort, was ER will und vorhat.

Wer betet, der baut Rachegedanken ab. Die lagen ja bei den Israeliten nahe, nachdem der Großkönig Nebukadnezar Jerusalem zerstört, Menschen umgebracht und andere verschleppt hatte. Auch im vorderen Orient leben heute Christen. Viele verlassen nach und nach die Heimat. Aber auch ihnen gilt der Jeremiabrief. Sie sollten in der Not aus ihrer Lage stets ein Gebet machen. Beten überhebt nicht über die anderen, sondern rückt sie mit vor Gottes Angesicht. Aus der gegenwärtigen Lage immer ein Gebet machen, das ist Salz der Erde, wozu uns Christus auffordert. Es waren am großen Babylon gemessen nicht viele Juden, die dort wohnten. Auch Christen sind in den asiatischen Ländern oft nur eine kleine Schar. Sie sind die heute am meisten verfolgten Gläubigen. Die Feinde wollen sie aufreiben. Sie kommen sich vielleicht wie die Todgeweihten vor. Aber auch hier gilt: Vor Gott hat unser „Leben hier und heute“ immer Bedeutung und Gewicht. So sind es die Christen, die sich für die Welt verwenden bei Gott und so über sich selbst hinaussehen. Das Gebet der Gemeinde ist ein Dienst, der große Verheißung hat. In den Apostelbriefen wird nicht umsonst immer wieder dazu aufgerufen. An dieser Stelle ist die Kirche offen für die nichtchristliche Welt: **„B**etet für sie zum HERRN; denn wenn's ihr wohlgeht, so geht's auch euch wohl.“

3. Die Richtung auf Gott einhalten.

Das hatten sie damals in Jerusalem eben nicht getan. Gott hatte sie darum in die ferne Verbannung wegführen lassen. Nebukadnezar war dabei nur sein Werkzeug. Aber nun steht in Jeremias Brief, den er aus der alten Heimat an die Vertriebenen schreibt, dass Gott bereit ist zu verzeihen. Er hat jetzt Gedanken des Friedens. Des Leidens seines Volkes ist es genug. Gott bleibt „Vater des verlorenen Sohnes“, sie dürfen für die Zukunft mit ihm rechnen. Heil und nicht Unheil ist seine Absicht. Was er an Strafe verhängt, dient letzten Endes diesem Ziel. Der Apostel Paulus hat das auch für seine Gemeinden verstanden, wenn er den zunächst seltsamen Satz schreibt: Wir rühmen uns auch der Bedrängnisse (Röm. 5,3). Wichtig ist es auch für uns heutzutage: Am Wort Gottes, wie zum Beispiel an diesem aus Jeremia 29, festhalten. Achten wir nur einmal darauf, wie oft Gott hier von sich spricht, wenn es im Nominativ heißt „ICH“, es geschieht wenigstens zehnmal! Auf diese Zusage richten wir die Planung unseres Lebens. Dort ist in der Zukunft gute Hoffnung. Das Ende wird Vollendung sein. Wir werden IHN finden, das ist die Hauptsache.

Die Gemeinde Gottes, ob in Babylon oder im 21. Jahrhundert, darf auf diesem Wege schon im irdischen Leben Gottes Heil, Frieden und Freude schmecken. Amen.

Römerbrief 14, 7 – 9 zum drittletzten Sonntag im Kirchenjahr

Unser keiner lebt sich selber, und keiner stirbt sich selber. Leben wir, so leben wir dem Herrn; sterben wir, so sterben wir dem Herrn. Darum: wir leben oder sterben, so sind wir des Herrn. Denn dazu ist Christus gestorben und wieder lebendig geworden, dass er über Tote und Lebende Herr sei.

Das Ende des Kirchenjahres naht. Es erinnert uns an Vergänglichkeit und Sterblichkeit. Wir alle leben auf Abruf. Der kann bald oder später kommen. Aber er kommt. Als Menschen sehen wir dem mit Furcht und Sorge entgegen. Wir werden dann unwiderruflich alles verlieren, auch unser Leben lassen und den Geist aufgeben. Letztes Alleinsein und totale Einsamkeit droht uns im Sterben. Es bleibt uns nichts.

Nur einer bleibt, geht nicht verloren, lässt uns nicht los. Gemeint ist die Beziehung zu Jesus Christus. Darum gilt unser Bekenntnis:

Wir gehören Christus!

1. Darum leben wir nicht für uns selbst.

„Unser keiner lebt sich selber." Kannst du da einstimmen? Paulus spricht hier alle an, die Christen sind oder werden sollen. Wir leben nicht mehr für uns selbst. Nicht mehr so, dass wir alles auf uns selbst beziehen, dass wir der Mittelpunkt unseres Lebens sind. Wer sich selbst lebt, der richtet sein Tun und Lassen an den eigenen Interessen aus. Man baut am eigenen Lebenshaus. Das schließt die Fürsorge für andere nicht aus. Wir wollen ja auch als großzügig und freigebig, als solidarisch gelten. So haben wir unsere Prinzipien. Der Mensch wird es zu den Menschenrechten zählen, Herr seines eigenen Lebens zu sein. Er lebt für sein Lebenswerk, für seine Familie und für sein gutes Gewissen.

Anders aber ist es, wenn Christus bei uns der Mittelpunkt ist. Dann lebe ich für ihn. Dann weiß ich auch, dass alles Abweisen dieses Herrn, alles Abweichen von ihm die Sünde ist, die mich von meiner wahren Bestimmung trennt. Wir leben dem Herrn. Ihm gilt am Morgen unser erster Gruß. In seinem Frieden schlafen wir abends ein. Was wir erstreben und erleben – ER ist dabei. Ihn rufen wir an, bitten ihn, danken ihm. Auf seine Verheißung hin hören wir weiter auf sein Wort, begegnen ihm eingeladen zu seinem Sakrament. Weil wir Christus gehören, brauchen wir nicht uns selbst zu leben. Es zieht zwar Dienste und Aufgaben nach sich. Aber alle Lasten sind von ihm aufgelegt. Und ER hilft uns auch.

2. Darum sterben wir auch nicht für uns selbst.

Für sich selbst sterben, das würde heißen: Im Innersten, in der Seele getroffen sein, und in der unvorstellbaren Aussicht, für immer untergegangen zu sein. In die Gottesferne kommen, in eine ewige Reue zu geraten, das ist die Hölle. Wie köstlich ist dagegen das Bekenntnis: Wir leben oder wir sterben, so sind wir des Herrn. In seine Hände befehlen wir unseren Geist, wie es das alte jüdische Abendgebet Psalm 31 sagt.

Ein schwerkranker Junge merkt: Er wird nicht wieder gesund. Da fragt er seine Mutter: Wie ist das Sterben? Die Mutter antwortet: Als du klein warst, herumtobtest, abends zum Ausziehen zu müde warst, bist du umgesunken und eingeschlafen. Am nächsten Morgen lagst du im Zimmer, im Bett. Jemand, der dich sehr lieb hat, kümmerte sich um dich. Dein Vater hatte dich auf starken Armen hinübergetragen, entkleidet, schlummern lassen. So ist das Sterben und das Erwachen: Jesus hat uns mit starken Armen hinübergetragen! So ist das Sterben.

Jesus trägt uns hinüber. Wir sterben in seine starken Arme hinein. Wie sollte er uns das nicht tun, der dem Verbrecher versprach, mit ihm ins Paradies zu kommen? (Luk. 23,43). Weil wir Christus gehören wollen, darum sterben wir nicht für uns selbst. Unser Herz will manchmal dem nicht trauen, wenn doch alle gottlose Welt um uns her an Christus und seiner Macht vorübergeht. Unser Herz will zweifeln, zurückschrecken: Wie sollte das gehen? Wir kennen doch nur unser schon weithin erforschtes materielles Leben! Keiner kehrte doch bisher aus dem Tod zurück, um es uns zu sagen. Doch, einer! Jesus Christus. Die Lichterlebnisse im Sterben, von denen Patienten berichtet haben, die Glücksgefühle, sind eben doch ein Eindruck des noch nicht ganz erloschenen Lebens, vielleicht letzte Hormonausschüttung. Wir können das Sterben nicht verdrängen. Uns hilft das immer neue Hören und Beherzigen dessen, was wir von Jesus Christus wissen:

3. Er ist der Herr über Tote und Lebende.

Dazu ist Christus gestorben und wieder lebendig geworden. Auch er starb nicht für sich selbst und lebt nicht für sich selber. Alles tat er „FÜR UNS“ – wie hat Dr.Luther diese Worte unterstrichen! Christi Tod war stellvertretendes Sterben für uns alle. „Fürwahr, er trug unsere Krankheit und nahm auf sich unsere Schmerzen“, und das mit Erfolg – so hat es schon Jesaja vorausgesagt. Als Christus auferstand und aus dem Grabe hervorging, da war das nicht ein Verlassen der Menschenwelt, die ihm so Schlimmes angetan hatte. Er trat vielmehr eine Herrschaft der Liebe über alles an, was da mit ihm lebt und ewig leben wird. Der Tod verlor vor ihm seine Macht.

Einem afrikanischen Christen wurde seine siebzehnjährige Tochter durch den Tod genommen. Trauer erfüllte die ganze Familie. Aber sie wurden getröstet in der Hoffnung auf das gemeinsame ewige Leben. Auf das Grab setzte der Vater ein schlichtes Holzkreuz mit der Inschrift: „Der Tod hat keine Hände." Als der Missionar nach der Bedeutung der Worte fragte, erhielt er zur Antwort: „Ich weiß, dass mir der Tod mein Kind nicht wegnehmen und auf ewig festhalten kann, sondern ich werde es bei Jesus wieder sehen. Der Tod hat ja seit Ostern keine Hände mehr. Aber Gott hat starke Hände, die halten fest!" Der Gute Hirte Jesus sagte: „Niemand kann sie aus des Vaters Hand reißen." Gestorbensein und Lebendigsein ist für den Apostel kein Gegensatz mehr. Können wir da mit einstimmen?

Wir gehören Christus. Im Katechismus haben wir gelernt: „Auf dass ich sein eigen sei und in seinem Reich unter ihm lebe und ihm diene in ewiger Gerechtigkeit, Unschuld und Seligkeit". Amen.

Matthäus 25, 31 – 46 zum vorletzten Sonntag im Kirchenjahr

Wenn aber der Menschensohn kommen wird in seiner Herrlichkeit und alle Engel mit ihm, dann wird er sitzen auf dem Thron seiner Herrlichkeit, und alle Völker werden vor ihm versammelt werden. Und er wird sie voneinander scheiden, wie ein Hirt die Schafe von den Böcken scheidet, und wird die Schafe zu seiner Rechten stellen und die Böcke zur Linken.
Da wird dann der König sagen zu denen zu seiner Rechten: Kommt her, ihr Gesegneten meines Vaters, ererbt das Reich, das euch bereitet ist von Anbeginn der Welt! Denn ich bin hungrig gewesen und ihr habt mir zu essen gegeben. Ich bin durstig gewesen und ihr habt mir zu trinken gegeben. Ich bin ein Fremder gewesen und ihr habt mich aufgenommen. Ich bin nackt gewesen und ihr habt mich gekleidet. Ich bin krank gewesen und ihr habt mich besucht. Ich bin im Gefängnis gewesen und ihr seid zu mir gekommen.
Dann werden ihm die Gerechten antworten und sagen: Herr, wann haben wir dich hungrig gesehen und haben dir zu essen gegeben, oder durstig und haben dir zu trinken gegeben? Wann haben wir dich als Fremden gesehen und haben dich aufgenommen, oder nackt und haben dich

gekleidet? Wann haben wir dich krank oder im Gefängnis gesehen und sind zu dir gekommen? Und der König wird antworten und zu ihnen sagen: Wahrlich, ich sage euch: Was ihr getan habt einem von diesen meinen geringsten Brüdern, das habt ihr mir getan.
Dann wird er auch sagen zu denen zur Linken: Geht weg von mir, ihr Verfluchten, in das ewige Feuer, das bereitet ist dem Teufel und seinen Engeln! Denn ich bin hungrig gewesen und ihr habt mir nicht zu essen gegeben. Ich bin durstig gewesen und ihr habt mir nicht zu trinken gegeben. Ich bin ein Fremder gewesen und ihr habt mich nicht aufgenommen. Ich bin nackt gewesen und ihr habt mich nicht gekleidet. Ich bin krank und im Gefängnis gewesen und ihr habt mich nicht besucht.
Dann werden sie ihm auch antworten und sagen: Herr, wann haben wir dich hungrig oder durstig gesehen oder als Fremden oder nackt oder krank oder im Gefängnis und haben dir nicht gedient? Dann wird er ihnen antworten und sagen: Wahrlich, ich sage euch: Was ihr nicht getan habt einem von diesen Geringsten, das habt ihr mir auch nicht getan. Und sie werden hingehen: diese zur ewigen Strafe, aber die Gerechten in das ewige Leben.

Wir saßen in einem Gesprächskreis beisammen. Es wurde die Frage aufgeworfen: Was kommt nach dem Tod? Vieles wurde genannt, was die Leute so annehmen: Ein großes lichtes Glücksgefühl, ein Wiedersehen mit den Angehörigen, eine Seelenwanderung, eine Wiederverkörperung in einem anderen Lebewesen, eine Abrechnung über den Lebenslauf usw. Heute sagen viele Leute, besonders in der westlichen Welt, nach dem Tode komme nichts, fertig. Man habe nur ein Leben, dann sei alles vorbei. Darum müsse man es genießen, auch vielleicht berühmt werden, bestenfalls aber Kinder aufziehen und etwas leisten.

Es ist aber wohl seit Anfang der Menschheit ein „Wissen" da, dass es nicht aus ist. Dass es ein Gericht am Schluss gibt, belegen schon Pyramidentexte in Ägypten aus dem 3. vorchristlichen Jahrtausend. Paulus schrieb wiederholt: „Wir müssen alle offenbar werden vor dem Richterstuhl Christi" (2.Kor 5,10; Röm 14,10). Es ist zu befürchten, dass die Vertreter einer reinen Diesseitigkeit des Lebens das künftig als Panikmache verbieten werden. So wie man vielleicht bald nicht mehr sagen darf, dass ausgeübte Homosexualität Gott ein Gräuel ist (3.Mose 18,22). Aber die Bibel ist Heilige Schrift und Gottes Wort. Hier sprechen nicht Menschen über Gott mit je eigener Meinung, sondern der allmächtige Gott spricht zu uns! Da steht im heutigen Evangelium ganz klar vom letzten Gericht mit einem scheidenden Richterspruch. Wir sollten aufhören mit den müßigen Einwänden, wie solle das bei der Riesenmenge von Verstorbenen räumlich und ganz und gar zeitlich möglich sein? Wenn uns auch die Vorstellung fehlt: Raum und Zeit sind dann vorbei. Sie gehörten zur ersten Schöpfung, die dann aufgehört hat. Das ist ja schon bei unserem eigenen Sterben so, dass wir das Leben in der Welt hinter uns lassen. Dann ist auch gleich das Gericht da und die Scheidung, die ewige Geltung hat. Dann sind wir „im Himmel“, das heißt bei unserem Herrn und Gott, frei, im Frieden, in großer Freude. Das Gegenteil von dem allen ist dann Hölle. Das Gericht am Ende der Welt finden wir in vielen Kirchen als Gemälde, auch oft im Tympanon über den Eingängen der Gotteshäuser.

Oft ist die Rede vom Gericht als Drohung und Einschüchterung missbraucht worden. In Wahrheit handelt es sich aber für uns, die wir noch auf Worte hören können, um eine Einladung. Ich finde, es lässt aufhorchen, dass der Menschensohn, der in Vers 34 auch König genannt wird, kein anderer als Jesus Christus selbst ist. Er ist der kommende Richter. Er wird kommen von der „Rechten des allmächtigen Vaters, zu richten die Lebenden und die Toten“. So bekennen wir es doch an jedem Sonntag. Wie sollten wir uns vor dem Gericht Gottes fürchten, wenn unser Herr und Heiland selbst Richter ist? Er hat ja alle Sünde und den Todesfluch bereits auf sich genommen – für uns! Davon leben wir seit unserer heiligen Taufe, im Beten und Hören seines Trostes und Zuspruchs, in der Vereinigung mit Ihm im Heiligen Abendmahl. Er hat seinen Jüngern schon gesagt, dass nicht ins Gericht komme, wer seinem Worte glaube (Joh 5,24). Ja, der habe jetzt schon das Ewige Leben! Verwundert uns das? Es ist so, liebe Schwestern und Brüder! Lasst uns ganz zuversichtlich, getrost und geborgen sein, *vor* dem Sterben und *in* dem Tod. Wir werden Christus nicht verlieren, weil er uns niemals aufgibt. Wie das geschehen wird, können wir uns jetzt noch nicht vorstellen. Aber wir verlassen uns darauf. Der Heilige Geist, „der am jüngsten Tage mich und alle Toten auferwecken wird“, vertritt und hilft uns heute schon beim Gebet. Er wird uns auch richtige Worte eingeben, wenn es darauf ankommt.

Was kommt nach dem Tod? Denken wir an den reuigen Verbrecher, der neben Jesus am Kreuz hing. Der hörte: „Heute wirst du mit mir im Paradiese sein!“ Wenn auch uns das glücklich macht, werden wir ganz von allein Jesus in seinen geringsten Brüdern und Schwestern helfen. In ihnen begegnet uns dann auch Christus wieder. Ein guter Baum bringt dann eben gute Früchte. „Ist jemand in Christus, so ist er eine neue Kreatur“ (2.Kor 5,17) sagt Paulus. Von selbst werden daraus gute Taten erwachsen.

Noch einmal: Als Jesus in die Welt kam, bedeutete das für jeden, der ihm begegnete, eine Scheidung, Zustimmung oder Ablehnung: Die Weisen aus dem Morgenland und Herodes, die Hirten und Jerusalems Volk, die Jünger und die Schriftgelehrten, die Pfingstpilger und der Hohe

Rat – und so weiter bis heute. Das Weltgericht hat nicht für jeden den gleichen Ausgang. Wir sind oft angefochten, solange wir leben, und brauchen deshalb ständig den Trost der Vergebung, um unserer Erlösung gewiss zu sein. Besonders ist es Anmaßung, wollten wir andere verurteilen. Das darf allein der Herr, der Raum zur Umkehr gibt bis an das Lebensende. Amen.

Offenbarung 21, 1 – 7 zum Ewigkeitssonntag

Und ich sah einen neuen Himmel und eine neue Erde; denn der erste Himmel und die erste Erde sind vergangen, und das Meer ist nicht mehr. Und ich sah die heilige Stadt, das neue Jerusalem, von Gott aus dem Himmel herabkommen, bereitet wie eine geschmückte Braut für ihren Mann. Und ich hörte eine große Stimme von dem Thron her, die sprach: Siehe da, die Hütte Gottes bei den Menschen! Und er wird bei ihnen wohnen, und sie werden sein Volk sein und er selbst, Gott mit ihnen, wird ihr Gott sein; und Gott wird abwischen alle Tränen von ihren Augen, und der Tod wird nicht mehr sein, noch Leid noch Geschrei noch Schmerz wird mehr sein; denn das Erste ist vergangen. Und der auf dem Thron saß, sprach: Siehe, ich mache alles neu! Und er spricht: Schreibe, denn diese Worte sind wahrhaftig und gewiss! Und er sprach zu mir: Es ist geschehen. Ich bin das A und das O, der Anfang und das Ende. Ich will dem Durstigen geben von der Quelle des lebendigen Wassers umsonst. Wer überwindet, der wird es alles ererben, und ich werde sein Gott sein, und er wird mein Sohn sein.

Der letzte Sonntag im Kirchenjahr wird auch Ewigkeitssonntag genannt. Was ist Ewigkeit? Ist es eine unendliche Zeit? Es ist schwierig, sich einen Zustand nach dem Tode vorzustellen. Wir kennen die Verwesung oder Verbrennung der Leiche, das Ende eines Lebens nach Datum und Sterbestunde. Die Geschichte geht darüber hinweg, wir werden mit der Zeit unter den Menschen vergessen. „Mit dem Tod ist alles aus.“ Das ist menschlicher Weisheit letzter Schluss. Wirklich? Es ist doch seltsam, dass es die Menschheit anders gesehen hat: Es gab und gibt den Ahnenkult, die Beschwörung der Totengeister, die Vorstellung der Seelenwanderung, die Jenseitshoffnung, die Unsterblichkeit der Seele. Viele Meinungen und Anschauungen! Alle knüpfen an unsere bisherige Welt an.

Was ist biblisch? Gott gehört <u>nicht</u> zur Natur. Er ist kein Teil des Universums oder seine Spitze. Er ist völlig unabhängig. Er ist der Herr, kein Geschöpf, auch nicht ein Geschöpf unseres Geistes. Er ist in keiner Weise gebunden. Aber wir können ja nicht anders, als von ihm in irdischer Sprache zu sprechen. Er tut das ja selbst in der Anordnung, die Heilige Schrift zu verfassen. Gott und sein Wirken ist dort übersetzt in unseren beschränkten Horizont. Wir wüssten nichts von dem Herrn, hätte er nicht selbst geredet und sich damit offenbart, uns seiner Liebe versichert, ganz besonders dann in seinem Sohn Jesus Christus. Kennen Sie die Geschichte von der Ariadne? Sie war nach der Sage die Tochter des kretischen Königs Minos und gab Theseus aus Liebe ein Garnknäuel, damit er an diesem Faden nach Tötung des Minotaurus den Rückweg aus dem Labyrinth fände. Diese Liebe Christi ist es, die niemals aufhört. Dort haben wir den Ariadnefaden in der Hand, der uns dahin führt, wo wir verstehen:

Was Gott uns von der Ewigkeit sagt.

Er sagt uns hier zuerst, dass wir endgültig bei ihm sein sollen. Menschen haben immer versucht, die Gottheit in ihre Existenz irgendwie mit einzuordnen. Er sollte unsere Fragen beantworten. Aber umgekehrt ist es. Er fragt uns, ob wir ihm vertrauen wollen. Er neigt sich freiwillig zu uns herab. Vom neuen Jerusalem heißt es: „Siehe da, die Hütte Gottes bei den Menschen!“ Das Zelt, so im Urtext. Wir denken weit zurück: Am Sinai ordnete Gott das Wanderzelt der Offenbarung an, die Stiftshütte in der Wüste. Später stand sie in Silo, ehe es zum Tempelbau des Königs Salomo in Jerusalem kam. Wiederholt und dann endgültig wurde dieser Tempel abgebrochen. Es kam Christus. Er „wohnte unter uns“, wörtlich „zeltete“. Schließlich ist sein Leib der ewige Tempel, die Seinen sind die lebendigen Steine dafür. Dieses Wohnen reicht jetzt noch hin bis zum Abendmahl; da empfangen wir Christi Leib und Blut an unseren Altären. Immer und immer noch hat Gott damit auf die Ewigkeit hin geführt.

Daneben gab es aber auch stets eine Geschichte der Sünde. Israel murrte wiederholt auf der Wüstenwanderung. Als sie im versprochenen Land wohnten, gab es immer wieder Abfall von Gott, Treulosigkeit, Verlust der Gnade, Zerstörung und Verlust Jerusalems. Die Geschichte setzt sich leider in der Christenheit fort bis in die Gegenwart. Der Mittwoch letzter Woche gilt als Buß- und Bettag. Aber recht verstanden soll und darf unser ganzes Leben eine Buße, eine Umkehr zu Gott sein, wie es in der ersten der 95 Thesen Luthers heißt. In dem nächsten Vers nach unserem Bibelabschnitt heißt es doch sehr warnend: „Die Feigen aber und Ungläubigen und Frevler und Mörder und Unzüchtigen und Zauberer und Götzendiener und alle Lügner, deren Teil wird in dem Pfuhl sein, der mit Feuer und Schwefel brennt; das ist der zweite Tod.“ Davor behüte uns, himmlischer Vater!

Gott will uns aber in Ewigkeit ganz nahe sein. Das himmlische Jerusalem ist Inbegriff dessen: Hier wohnt man mit Gott zusammen. Diese Wohnung ist liebevoll zugerüstet und geschmückt wie es eine Braut ist für ihren Bräutigam, mit dem sie nun unzertrennlich und in aller Treue zusammen sein wird. Dann bedarf es keines Tempels mehr, auch keiner Gnadenmittel, denn der dreieinige Gott ist jedem einzelnen innig verbunden. Nichts ist mehr rätselhaft, unzugänglich, verborgen. Das Glauben wird zum Schauen. Wie es im Lied heißt: „Da werden wir mit Freuden den Heiland schauen an, der durch sein Blut und Leiden den Himmel aufgetan." Dann wird die Braut mit ihrem Bräutigam eins. Die Verlobungszeit ist zu Ende. Ach, auch sie war schon wunderbar! Die sehnsüchtige Vorfreude unserer Gottesdienste ist dann erfüllt.

Nun ist Christus König und als solcher allen offenbar. Seine Kirche glaubte das schon seit seiner Kreuzigung und Auferstehung. Im Wort Gottes, in den Sakramenten haben wir bereits seine Gnade empfangen. Darum singen wir schon immer das Halleluja (übersetzt: Lobet Gott!) und das dreimal Heilig und das Amen (übersetzt: So soll es sein). Die Ewigkeit vollendet alles. Endgültig dürfen wir bei Gott sein.

Was Gott uns zweitens von der Ewigkeit sagt: Alles wird neu und gut werden. Ja, heben wir schließlich ab von der Welt, zu der Gott nicht gehört? Werden wir herausgenommen? Nein, Gott ist auch für alle andere Kreatur da. In der Ewigkeit wird auch die Welt neu und gut werden. Der erste Himmel und die erste Erde vergehen. Das Meer mit seinen drohend anrollenden Wellen galt stellvertretend für alles Aggressive – es wird nicht mehr sein. Tränen des Schmerzes, des Kummers und auch der Scham werden abgewischt. Alles, was uns verfolgt und Leid bringt, Angst- und Todesschreie wird es nicht mehr geben. Dass Gott vom erneuerten Himmel und Erde spricht, ist gewiss auch Bildersprache wie das neue Jerusalem. Aber es zeigt, wie Gott die Welt, seine Schöpfung als solche liebt.

Das ist auch ein Fingerzeig für uns: Dieser Welt, solange sie da ist, nicht den Rücken kehren! Wir haben den Auftrag, sie zu erhalten. Aber wir stehen und fallen nicht mit dem irdischen Glück. Neue Welt geschieht nicht durch Umbau der alten. Aber deswegen darf unsere diesseitige Welt nicht vernachlässigt werden. Gott tut das auch nicht. Er hilft mit den Naturgesetzen. Er ist noch am Werk, nimmt sich der Erde an.

„Siehe, ich mache alles neu!“ Alles? Ja, den Baum und das Veilchen, den Elefanten und die Mücke, die Sterne und die Steine. ER ist nicht am Ende! Abgetan wird alles, was bedroht. Da das Böse aus der Welt und der Menschheit kam, wird diese nicht etwa gesäubert, geschrubbt und renoviert. Nein, „neu“ steht hier. Ein weiteres schönes Bild: Lebendiges Wasser umsonst dem Durstigen, Pflanzen und Tieren, vor allem dem Menschen. Umsonst, gratis – dem Evangelium entsprechend. Nimm es und du hast es!

Was Gott uns von der Ewigkeit sagt, das lässt uns nun die alte Welt mit anderen Augen ansehen: Wie man eine Raupe betrachtet und weiß, sie wird ein schöner Schmetterling werden. Amen.

Literaturverzeichnis:

Gottfried Voigt, Homiletische Auslegung der Predigttexte, Bände I bis VI, 1978 – 1983

Wilhelm Stählin, Predigthilfen, Bände I bis IV, 1966

Bekenntnisschriften der Ev.-Luth. Kirche, Ausgabe 1955

Rudolf Bohren, Predigtlehre, 1971

Christian Möller, Seelsorglich predigen, 1990

Hans-Georg Lubkoll, Blick in die Predigtwerkstatt, 1985

Jobst Schöne, Botschafter an Christi Statt, 1996

Alle biblischen Texte sind der von Martin Luther übersetzten Bibel in ihrer letzten revidierten Fassung von 1984 entnommen.

Inhaltsverzeichnis

a) nach der Reihenfolge der Sonntage im Kirchenjahr:

1. Advent: Lukas 1, 67 – 79 1

Christfest: 2. Korintherbrief 8, 9 3

Epiphanias: Matthäus 2, 1 – 12 6

3. Sonntag nach Epiphanias: Römerbrief 1, 14 – 17 9

5. Sonntag nach Epiphanias: Jesaja 40, 12 – 25 12

Letzter Sonntag nach Epiphanias: Matthäus 17, 1 – 9 15

Sonntag Invokavit: Matthäus 4, 1 – 11 17

Sonntag Reminiscere: Markus 12, 1 – 12 20

Sonntag Lätare: Jesaja 54, 7 – 10 23

Karfreitag: Matthäus 27, 33 – 54 26

Osterfest: Markus 12, 1 – 12 31

Sonntag Misericordias Domini: Hesekiel 34, 1 – 2. 10 – 16. 31 34

Christi Himmelfahrt: Apostelgeschichte 1, 3 – 11 37

Pfingstfest: 4. Mose 11, 11 – 12. 14 – 17. 24 – 25 39

Sonntag Trinitatis: Jesaja 6, 1 – 13 42

5. Sonntag nach Trinitatis: 1. Korintherbrief 1, 18 – 25 44

7. Sonntag nach Trinitatis: Lukas 9, 10 – 17 47

12. Sonntag nach Trinitatis: 1. Korintherbrief 3, 9 – 15 50

Gedenktag Michaels und aller Engel: Lukas 10, 17 – 20 53

21. Sonntag nach Trinitatis: Jeremia 29, 1. 4 – 7. 10 – 14 56

Drittletzter Sonntag im Kirchenjahr: Römerbrief 14, 7 – 9 59

Vorletzter Sonntag im Kirchenjahr: Matthäus 25, 31 – 46 61

Ewigkeitssonntag: Offenbarung 21, 1 – 7 64

b) nach der Reihenfolge der biblischen Texte:

4. Mose 11, 11 – 12. 14 – 17. 24 – 25 (Pfingstfest) 39

Jesaja 6, 1 – 13 (Sonntag Trinitatis) 42

Jesaja 40, 12 – 25 (5. Sonntag nach Epiphanias) 12

Jesaja 54, 7 – 10 (Sonntag Lätare) 23

Jeremia 29, 1. 4 – 7. 10 – 14 (21. Sonntag nach Trinitatis) 56

Hesekiel 34, 1 – 2. 10 – 16. 31 (Sonntag Misericordias Domini) 34

Matthäus 2, 1 – 12 (Epiphanias) 6

Matthäus 4, 1 – 11 (Sonntag Invokavit) 17

Matthäus 17, 1 – 9 (Letzter Sonntag nach Epiphanias) 15

Matthäus 25, 31 – 46 (Vorletzter Sonntag im Kirchenjahr) 61

Matthäus 27, 33 – 54 (Karfreitag) 26

Markus 12, 1 – 12 (Sonntag Reminiscere) 20

Markus 16, 1 – 8 (Osterfest) 31

Lukas 1, 67 – 79 (1. Advent) 1

Lukas 9, 10 – 17 (7. Sonntag nach Trinitatis) 47

Lukas 10, 17 – 20 (Gedenktag Michaels und aller Engel) 53

Apostelgeschichte 1, 3 – 11 (Christi Himmelfahrt) 37

Römerbrief 1, 14 – 17 (3. Sonntag nach Epiphanias) 9

Römerbrief 14, 7 – 9 (Drittletzter Sonntag im Kirchenjahr) 59

1. Korintherbrief 1, 18 – 25 (5. Sonntag nach Trinitatis) 44

1. Korintherbrief 3, 9 – 15 (12. Sonntag nach Trinitatis) 50

2. Korintherbrief 8, 9 (Christfest) 3

Offenbarung 21, 1 – 7 (Ewigkeitssonntag) 64

Literaturverzeichnis: 68

Printed by Books on Demand GmbH, Norderstedt / Germany